ESSAIS

ARCHÉOLOGIQUES ET HISTORIQUES

SUR LE QUERCY,

PAR M. A. CALVET,

Substitut du Procureur du Roi ; Membre de la société des sciences et lettres de l'Aveyron ; de la Société Française pour la conservation des Monuments historiques ; Inspecteur des Monuments historiques ; Correspondant des Comités des travaux historiques au Ministère de l'Instruction publique.

(2e Cahier.)

CAHORS,

J.-G. PLANTADE, IMPRIM. DE LA PRÉFECTURE.

1840.

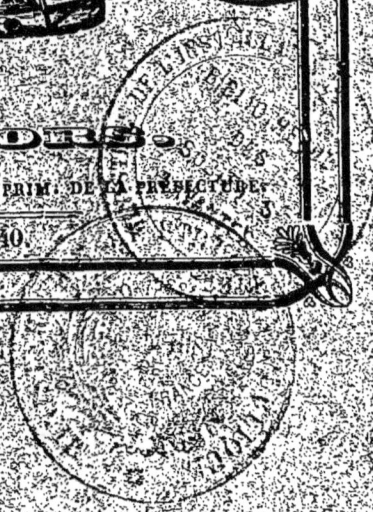

Voir l'errata à la fin.

Le cahier 1er est le mémoire
de 1838, sur le Camp des
Césarines

madaire
e néces-
à laisser
notes ont
pletter,

eulement
se grou-
nt faites;
re avoir.
chroni-
amis des
ment à la
s'empres-

, et mon
énère en

illeurs de
uve plus
ubstitué,
tres tou-

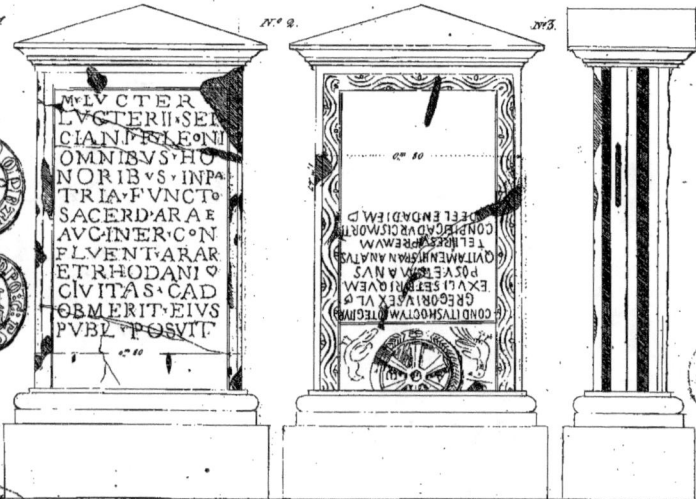

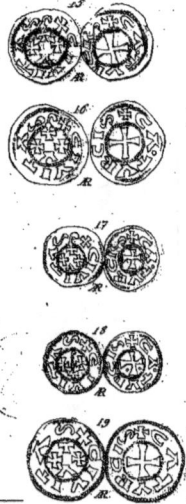

Suite des monnaies de Cahors. Monument de M. Lucterius Leo.

ÉTUDES SUR LE LOT.

A M. le Baron DE CRAZANES, Membre correspondant
de l'Institut de France, Inspecteur divisionnaire des
Monuments historiques, Membre du Comité des
Arts et des Monuments, etc. etc.

MONSIEUR,

Suivant l'impulsion qui me vint de MM. CHAMPOLLION,
DELPON et Vous, j'entrepris d'étudier notre département;
encouragé par la bienveillance de nos concitoyens, j'osai
tenter la description rapide, ou plutôt le récit de ce qui
me frappa.

Ces lignes furent écrites pour une feuille hebdomadaire
(la Revue de l'Aveyron et du Lot), avec la rapidité que néces-
site ce mode de publication. J'ai volontiers consenti à laisser
réunir ces divers articles pour former un tout. Des notes ont
dès-lors été nécessaires, il est des idées qu'il faut completter,
des assertions qu'il faut justifier.

Mon but serait de former un noyau indiquant seulement
les points à observer, et autour duquel viendraient se grou-
per les diverses découvertes historiques ultérieurement faites;
c'est une sorte d'inventaire qui s'accroîtrait avec notre avoir.
Puissions-nous être un jour en même de publier les chroniques manuscrites du Quercy : le Conseil général, les amis des
arts et des lettres élèveraient par là un beau monument à la
gloire de notre département ; chacun de ses enfants s'empres-
serait d'apporter ce qu'il a recueilli.

Cette idée, vous l'aviez eue, comme M. DELPON, et mon
étude vient tard : mais je m'aperçois que ceci dégénère en
préface. Adieu.

Encore un mot; MONTAIGNE a dit........ partout ailleurs de
mesme : une aigre imagination me tient : je trouve plus
court, que de la dompter, la changer : je luy en substitue',
si je ne puis une contraire, au moins une aultre: tou-

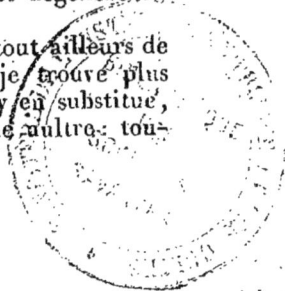

jours la variation soulage, dissoult et dissipe ; si je ne puis
la combattre, je lui eschappe ; et en la fuyant, je four-
voye, je ruse . muant de lieu, d'occupation, de compai-
gnie, je me saulve dans la presse d'autres amusements et
pensées, où elle perd ma trace, et m'esgare. Nature pro-
cede ainsy.......

Nosce te ipsum....
Etudie ton pays
(Trad. libre.)

§. Ier

CAHORS.

Si venant de Paris, Pierre Buffières ou Brives-la-Gaillarde,
vous suivez votre route avec persistance jusqu'à la position
géographique latitude nord 44° 25' 50", longitude occidentale
du méridien de Paris 0° 52' 58" ; vous y trouverez une presqu'île qui va biaisant et descendant par soubresauts inégaux,
depuis sa gorge jusques à son point extrême, vers la rivière
qui la forme.

Une largeur belle et bien soutenue, des eaux naturelle-
ment vives, mais très souvent troublées par l'adjonction de
torrens accidentels, chargés de dissolutions tantôt calcaires,
tantôt argileuses rouges, suivant que l'orage a lessivé tel ou
tel plateau ; voila le caractère et la phisionomie de cette rivière sinueuse, que des montagnes abruptes, élevées et conti-
nues poussent, avec une rigeur qui ne se dément jamais, vers
la presqu'île.

Celle-ci se montre tout aussi tenace et, s'élevant long temps
à pic sur sa rive *est*, elle a conquis vers le *sud-ouest* tout ce
qu'il lui était possible d'arracher à la base de la montagne voisine. L'ensemble des objets que je vous décris est imposant,
austère même, car les montagnes sont élevées, vous le savez,
et très-sobres de végétation.

Puis, placé que vous êtes à l'entrée de cette vaste arène,
vous avez à quelques pas un long et silencieux rempart dont

les tours hautes et parfois démentelées, rompent l'uniformité de la ligne sans lui donner plus de gaîté.

Enfin, et comme pour forcer votre esprit à des idées graves, à droite, au pied du rempart, est une *nécropole*; des croix, des monumens, des tombes, accusent l'homme; ses passions, sa foiblesse.

Occupé des pensers que ces lieux imposent, vous parvenez à l'extrémité de l'allée : l'octroi municipal vous autorise à la libre pratique de *Cahors.*

Ce nom résonne agréablement aux oreilles de plus d'un voyageur; car si l'antiquaire songe avec plaisir à la vieille gloire des Cadurques, le catholique vénère le génie pieux, adroit et puissant de Jean XXII; le protestant se rappelle avec émotion le dévouement courageux du roi de Navarre (1), et le gourmet éprouve un doux frémissement à l'idée des perdrix des truffes et du vin de Cahors; vin généreux souvent calomnié, mais toujours vainqueur de ses rivaux.

Cahors porte dignement son vieux nom. Cette ville a péniblement traversé les siècles nombreux qui se sont succédés depuis son existence; mais aussi songez à dix-neuf siècles, à toutes les guerres de destruction que les hommes ont accumulées sur notre patrie durant cette longue période, et tenez compte des désastreuses restaurations que chaque époque impose aux édifices de ses prédécesseurs: si ses habitans voulaient bien lui aider un peu, Cahors présenterait d'une façon fort distincte, il présente même malgré eux;

La ville Gauloise;

La ville Gallo-Romaine;

La ville Moyen-âge;

La ville Renaissance;

La ville Moderne.

Une description historique, remplissant ce cadre, présenterait, je crois, un vif intérêt si elle était complète; mais

---

(1) Au siège de Cahors, en 1580, il reçut plusieurs blessures. Ses principaux officiers s'étant assemblés autour de lui le conjuraient de se retirer : « Non, dit le roi avec un visage » riant, il est écrit là-haut ce qui doit être fait de moi dans » cette occasion. Souvenez-vous que ma retraite de cette ville » sans l'avoir assurée au parti, sera la retraite de ma vie » hors de mon corps. Il y va trop de mon honneur; ainsi, » qu'on ne me parle plus que de combattre, de vaincre ou de » mourir, (*Chaud-Del.*) »

vous voyagez; vos momens sont courts, mon savoir historique peu étendu, mes matériaux incomplets et sans ordre, promenons, causons et que les savants écrivent l'histoire.

LA VILLE GAULOISE.

Vous avez suivi le faubourg placé derrière le rempart qui coupe diagonalement l'entrée de la presqu'île : une place à plantation symétrique est à votre gauche et la caserne à droite. Négligeons à présent ces objets que nous retrouverons dans la ville moderne; nous sommes sur les fossés de la ville gauloise.

En vous approchant du Lot vers la gauche, vous remarquerez qu'il y a solution de continuité entre les rochers à pic qui supportent les dernières maisons du faubourg et ceux qui servent de base aux maisons de la ville actuelle, contiguës à l'église St. Barthélemy. Cette solution formait une dépression de terrain occupée par la promenade que soutiennent sur l'avant deux arcs ogivaux, et dont on a rempli le vide par des remblais.

Cette dépression naturelle traverse la route, le jardin de la caserne, va se reproduire au dehors et à l'extrêmité de l'enclos dit Ste. Claire, descend en le longeant et décrivant une ligne presque droite dans la direction de la rivière. L'escarpement est plus sensible aux deux extrémités d'intérieur et d'extérieur.

La presqu'île ainsi raccourcie présentait une surface bien moins étendue, quoique encore considérable.

Si jamais vous étudiez le terrain avec soin, vous remarquerez qu'une rampe taillée dans le roc s'élève, a partir du voisinage de la rivière, dans la propriété actuelle du sieur Baldy serrurier, et, toujours protégée ou mieux commandée par le roc ou le rempart de la ville, monte, en suivant ce roc auquel elle est accolée, jusqu'à la base des arceaux qui soutiennent la promenade ; là ; la rampe se perd, dénaturée comme dans son trajet par des murs à pierre sèche, destinés à soutenir des terrains de transport livrés à la culture

Vous penserez comme moi qu'il serait bien de faire des fouilles sur cette rampe pour la mettre à jour, la suivre et retrouver l'ancienne voie des vieux Gaulois, de ces hommes qui luttaient encore pour l'indépendance nationale, quand le reste de l'univers connu était esclave. Le sieur Baldy a trouvé, au bas de cette rampe, des marches d'escalier, des médailles ; dans toute sa durée, le roc qui la suivait était coupé, taillé avec soin, présentant un glacis continu et qu'il était impossible de gravir.

Cette appréciation de localité que l'examen avait inculquée dans mon esprit, se trouve justifiée par d'anciennes chroniques voici ce qu'en dit le célébre abbé de Foulhiac, dans ses *Antiquités du Quercy.*

«Cette ancienne ville était faite en forme de pied de cheval
» entouré par la rivière du Lot. L'ancienne muraille et les
» fossés de la ville commençaient dans l'endroit qu'on appelle
» la place Gaillard, de là par le jardin du Séminaire, à l'en-
» clos du monastère des filles de Ste. Claire, auquel cette an-
» cienne muraille sert de clôture où elle enfermait les anciens
» bains dont on voit encore les ruines; de là à l'amphithéâtre,
» et enfin à l'endroit où est le moulin du chapitre, sur la ri-
» vière du Lot, où j'ai vu les fondemens de ce mur. »

Vous pressentez facilement que cette place Gaillard est celle déja signalée et qui nous occupera plus tard sous son nom actuel de place Lafayette; que le séminaire est la caserne; les autres indications sont exactes encore: seulement le mur de l'enclos de Ste. Claire a été refait, et le moulin du chapitre est aujourd'hui connu sous le nom de son propriétaire actuel, M. Brives maire de Cahors.

LA VILLE GALLO-ROMAINE.

Cette ville gauloise dont nous venons de trouver l'enceinte prit une grande extension sous la domination romaine. Désignée par Pline, Strabon, Ptolémée, la carte de Putinger, etc., etc., sous le nom de *Divona, Bibona, Duévona, Divona-Cadurcorum*, elle fut enfin généralement connue sous ce dernier nom, qui dégénéra en *Cadurcum, Caturcum, Caours, Caors* et puis *Cahors*; s'appropriant ansi, suivant l'usage généralement établi au troisième et qua-trième siècles, le nom du peuple qu'elle centralisait et personnifiait en elle.

Percevant sur les Gaules un impôt de 8,200,000 fr. seulement (1) les Romains leur apportèrent en échange les arts,

(1) ou quarante millions de sesterces, impôt établi sous la dénomination de solde militaire. Les peuples conservèrent du reste leurs villes, leurs terres, la forme essentielle de leur gouvernement. (époque des César.) A. Thierry, histoire des Gaulois, tom. 3. de Caumont, antiquités monumentales, tom.

la civilisation, connus tout au plus de quelques colonies du littoral de la méditerranée.

La capitale des Caturci couvrit bientôt toute la presqu'ile de ses édifices, et nous pourrions dire de son luxe. Vous en trouverez la preuve dans les restes qui sont encore sur la droite de la presqu'ile. Je vous signale cette partie seulement, parce que l'autre est occupée par la ville actuelle

Voyez d'abord les restes imposans de ce théâtre, qui décèle à lui seul la présence du grand peuple : l'état des terres vous dit qu'elles ont été récemment fouillées ; les débris mutilés de l'ornementation attestent que cet édifice était digne de la majesté romaine. Une médaille de *Lucile* fut recueillie parmi plusieurs autres : votre connaissance des monuments me garantit que vous ne confondrez pas les voûtes ménagées sous les gradins avec les loges des arènes, ainsi qu'on la fait quelquefois ; du reste, je vous ferai passer plus tard, si vous le désirez, le compte rendu du résultat des fouilles, qu'un mien vieil ami rédige en ce moment. (1)

Remarquez ce petit appareil allongé, à bain de mortier, la hauteur décroissante des voûtes à plein cintre et l'élévation des plus hauts gradins au-dessus du sol de l'édifice que couvrent deux mètres de décombres. Ces peintures rouges, dont nous appercevons les restes, étaient fraiches et vives lors des fouilles ; il est à désirer que l'on dégage cette loge et cette galerie intérieure.

Suivant un usage assez constant, ce théâtre recevait les eaux nécessaires d'un établissement thermal placé sur le plateau que voici ; cette vaste enceinte est l'enclos de Ste. Claire ; les pieuses Vestales du christianisme héritèrent, après bien des siècles du somptueux établissement des bains de la cité Gallo-Romaine ; cette porte, dont l'arc élevé et gracieux frappe votre attention, est tout ce qui reste à la surface du sol, de la construction primitive. Vous lui reconnaissez d'abord tous les caractères de son époque : le petit appareil à bain de Mortier,

---

3. Auguste fit faire par Drusus, son gendre, le dénombrement de la Gaule, 27 ans avant l'ère chrétienne, il assit l'impôt sur de nouvelles bases, dota la Gaule des établissements qui pouvaient hâter les progrès de la prospérité publique et de la civilisation. Il réussit à donner aux différents peuples de la Gaule l'unité politique qui leur manquait et bientôt ils se mêlèrent intimement aux Romains. Ub. supr.

(1) Voir le mémoire sur les Cadourques.

les couches de briques en cordon, les briques et les pierres alternant avec symétrie dans le cintre de l'arceau, le plein-cintre pur ; enfin, le je ne sais quoi qui se comprend et ne peut être défini, dont est empreint le faire des Romains.

Si vous doutiez de ce que vous voyez, ou bien si vous étiez tenté d'accepter l'inconcevable erreur de ceux qui donnent ces ruines sous le nom de temple de DIANE, je vous observerais que de nombreuses et superbes mosaïques, *Opus tesseratum*, sont là à trois pieds sous le sol, qui, conservant leur pureté primitive, attestent, quand on veut par les dessins qu'elles représentent, la nature de l'édifice auquel elles appartenaient ; je vous montrerais le tuyau de calorique trouvé là et qui bien évidemment, était le corollaire obligé de l'hyppocauste ; je chercherais avec vous le point où cet établissement recevait les eaux de l'acqueduc ; point que l'on trouvera quand on voudra, puique le chroniqueur Foulhiac a vu quand les constructions du mur de clôture coupèrent cet acqueduc.

Mais portez un instant votre attention sur l'acqueduc lui-même ; il remontait vers la gorge de la presqu'île et, s'embossant au flanc de la montagne, allait vers la source destinée à l'alimenter, sans tenir compte des obstacles. Si le roc se présentait, il le coupait ; si des vallées venaient le détourner de sa direction, il les remontait, ou mieux encore il les franchissait sur une série d'arcades qui nous témoigneraient encore du génie de l'époque et présenteraient suivant les anciens écrits un caractère spécial qui leur assurait une sorte de supériorité sur l'heureux pont du Gard, si des consuls du moyen-âge n'en avaient ordonné la démolition, prétendant que leur abri présentait aux routiers un asile inexpugnable ; comme s'ils ne pouvaient pas les faire garder et placer là un poste, protecteur des récoltes de la vallée !

Vous et moi sommes pressés, plus tard il nous faudra explorer cet acqueduc qui se prolonge sur une longueur de plus de six lieues.

Les mosaïques à dessins et couleurs variées se reproduisent sur presque toute la surface de la presqu'île partout où l'on veut se donner la peine de les chercher. Dans le jardin du séminaire elles décorent une fosse à fumier ; plus loin elles sont démontées pour faire place à des pieds de tabac, et jetées brisées, pêle-mêle, avec des pavés de marbre, des revêtemens des corniches de marbre, des fûts, des chapiteaux de colonne, des briques à rebord, que l'aveugle et rapace défoncement casse, brise, arrache par morceaux, sans songer qu'un enlèvement méthodique aurait des résultats plus productifs sous tous les rapports et plus honorables pour notre époque.

Ce témoin irrécusable de l'état brillant de notre cité à cette belle époque eut plus tard une autre destination.

---

maximè omnium Gallicarum hominum frequentia potet : praefecti enim romanorum eo utuntur emporio, monetamque ibi tam auream quam argenteam cudunt : et templum ab omnibus comuni sententia Gallis decretum Cæsari Augusto, antè hanc urbem, ad concursum fluviorum est positum. Aram habet hoc memorabilem, cum inscriptione gentium LX numero, et imagines singularum ; item et aliam magnam. Strab., lib. IV., §. 3.

M. DE CAUMONT donne dix indications diverses de la qualité de Prêtre de cet autel, recueillies sur les marbres et dans les auteurs. Le nôtre en fournit une nouvelle : *Sacerdos arae Augusti.*

Cet autel fut élevé et consacré vers l'an 741 de Rome, 18 ans après la bataille d'Actium, par l'assemblée représentative des Gaules qui institua des jeux et des fêtes en l'honneur d'Auguste ; celui-ci voulut que l'autel fut d'abord consacré à la divinité de Rome, et de là l'inscription *Romæ* et *Augusto* qui fut gravée sur les médailles qui le représentent. Le musée de Cahors en possède plusieurs, recueillies sur divers points de ses ruines Gallo-Romaines, notamment aux Cadourques, aux thermes (sainte Claire) etc. etc.

« C'était, dit M. DE CAUMONT, un autel très large et fort
» élevé, aux extrémités duquel étaient deux colonnes sur-
» montées de deux victoires colossales de dix pieds environ.
» M. Artaud pense qu'il n'avait pas moins de 20 pieds de haut.

« Sur l'autel il y avait huit trépieds, vraisemblablement
» d'un métal précieux, disposés symétriquement. Plusieurs
» paraissaient surmontés d'une pomme, les autres d'une cou-
» ronne, symbole du culte d'Apollon : deux autres au centre
» de l'autel supportent chacun une figure orbiculaire, qui,
» si l'on s'arrête à l'inscription *Romæ* et *Augusto*, paraît si-
» gnifier le partage de la souveraineté et de la divinité entre
» Rome et Auguste. Ces deux trépieds sont plus élevés que
» les autres...... Ils occupent la place d'honneur et peuvent
» être considérés comme l'emblème des deux divinités de
» Rome et Auguste. Sur le devant de l'autel on voyait encore,
» d'après les médailles, deux trépieds, et au centre la cou-
» ronne de chêne entre deux branches de laurier, décoration
» qui se trouvait aussi sur la porte du palais impérial.

« Ainsi tout s'explique dans cette décoration ; les couron-

Aux premiers siècles chrétiens, dans nos montagnes, quand le paganisme fit place à des croyances mieux en rapport avec l'intelligence et la dignité de l'homme, la consécration du prêtre d'Auguste subit le sort du mythe auquel elle se rattachait ; et malheureusement, avec elle disparut le souvenir de respect et de reconnaissance mérité par le nom de Lucterius.

Chaque époque a ses vicissitudes : deux Espagnols étaient exilés sur le sol cadurcien ; GRÉGORIUS, l'un d'eux, mourut, et son ami PETRUS, utilisant le marbre votif de Lucter, le plaça sur la tombe de celui qu'il pleurait, après avoir gravé l'inscription suivante comme revers de celle que nous venons de lire :

CONDITVS HOC TVMVLO TEGITVR
GREGORIVS EXVL ⳨
EXVLIS ET PETRI QVEM
POSVERE MANVS
QVI TAMEN HISPANA NATVS
TELLVRE SVPREMVM
CONPLET (1) CADVRCIS MORTE
DEFLENDA DIEM ⳨

Remarquez le monogramme du Christ, PX entrelacés, les deux lettres grecques A M à côté des jeux jambages de l'X. Tout cela est entouré, de deux cercles concentriques, décoré d'une couronne de laurier. Les deux moineaux chrétiens sont en dehors, et un encadrement à feuillages entoure la pierre ; mais comme le faire du sculpteur accuse la décadence de l'art !... Bien certainement ceci est de beaucoup postérieur à Constantin. C'est le Bas-Empire.

» nes et les trépieds sont l'emblême des jeux dont ils étaient
» les prix. La figure de la Victoire, symbole agonal ou mili-
» taire, était destinée à redire aux siècles futurs la gloire
» d'Auguste ou celle des vainqueurs dans les exercices solen-
» nels ; les autres ornements rappelaient la puissance et les
» glorieux trophées des empereurs. »

Cette note est trop longue peut-être ; j'ai voulu dire rapidement à nos concitoyens ce qu'était cet autel, souvent désigné, et dont *l'existence se rattache à la consécration des assemblées représentatives qui eurent lieu dans les Gaules durant l'ère Gallo-Romain*, ainsi que l'a dit M. DE CAUMONT, dont j'analyse le travail.

(1) On copie fidèllement le texte.

Les tombeaux périssent aussi ; quelques quinze siècles après, cette pierre était dans l'église de Pern servant de marche-pied à l'autel, et signalée par nos chroniqueurs et nos historiens. (1)

Après la restauration de 1815, quand on exilait les savants, le Lot accueillit à ce double titre deux de ses enfants, les frères Champollion. A peine âgés de vingt-cinq ans, le plus jeune travaillait déja à nous rendre les arts, l'histoire et l'écriture de la vieille Egypte, que les siècles avaient soustraits. Nous dûmes alors à l'aîné le véritable *Uxellodunum* que chaque Quercinois veut avoir dans sa paroisse, et ce marbre qui perpétue la gloire de Lucter et la gratitude de la patrie. (2)

Transportée au chef-lieu de la cité, restaurée par les soins de deux administrateurs successivement intelligents, cette pierre chère au Quercy formera prochainement le centre d'une aggrégation monumentale, grace aux soins d'un autre préfet dont on peut aussi dire beaucoup de bien ; mais continuons notre course.

Dans ce champ, à gauche, au bord de la rivière et tout près du pont Valentré, vous voyez des débris amoncelés : ce sont des tronçons de colonne, des restes de pavés de marbre, des tuiles à rebord, c'est le cahos de la destruction, c'est le dernier échelon de l'existence au néant, pour le luxe architectural de la colonie romaine ; je me trompe, des fragments ont été pieusement recueillis pour le musée.

Traversons le Lot : cette masse d'eau qui fraîche et vive s'élève avec majesté : c'est la fontaine de qui, dit-on, la ville des Cadurques reçut le nom de Divona (3), nom celtique, affirment

---

(1) Dominici, Foulhiac. Celui-ci dit qu'elle fut signalée spécialement en 1683. *Annales du Quercy, — Mémoires sur les antiquités.* Après Champollion, Delpon et de Crazannes ont successivement décrit ce monument.

(2) Voir *recherches sur la ville Gauloise d'Uxellodunum,* par Champollion, Paris, 1820, imp. royale.

On trouvera dans cet écrit, si justement estimé par la science, la justification de tout ce qui précède. N'oublions pas de citer M. Lacoste, alors proviseur du lycée, qui consacra de nombreuses années à l'étude de nos antiquités. Voir enfin la *Statistique* de M. Delpon, qu'il faut toujours citer quand on s'occupe de notre département, et sa *notice sur Uxellodunum,* Annuaire de 1832.

(1) *Divona Celtarum lingua fons addite divis.* Ausonne.

plusieurs érudits, mais qui dans tous les cas est contemporain des premières années de l'occupation romaine et qu'elle fit disparaître. D'autres villes reçurent aussi le nom de Divona. Aucune sans doute ne dut son titre à une source plus belle. A côté du fleuve qui coule orgueilleux de son nom et des rives qu'il arrose, voyez cette nymphe pudibonde : elle frémit, ses eaux bouillonnent et refusent de se mêler à celles d'un rival heureux.

Quelques instans passés auprès de cette grotte font comprendre l'idée religieuse qui plaça cette fontaine sous l'invocation de la Sévère Hécate.

Ici finit l'énumération de ce qui nous reste de l'époque romaine, car je renvoie au musée ces chapitaux de marbre blanc, ces fût de colonne en marbre de couleur, que l'on vient de découvrir dans l'ancienne église de St.-André.

Mais peut-être êtes-vous surpris de n'avoir pas encore vu les coupoles de la Cathédrale? Je les réservais pour notre premier hommage aux constructions qui suivirent l'ère Gallo-Romaine.

VILLE MOYEN-AGE.

Ici mon embarras devrait augmenter; il est assez difficile, en effet, non pas de dire : le moyen-âge commence à telle époque, mais de classer avec précision les monuments qui remontent à une époque voisine de l'ère qui finissait alors qu'on les construisit. Heureusement les *Cicerone* sont en droit de faire des bévues, et vous redresserez, par vos connaissances et votre habitude des monuments, les erreurs que je vais commettre. Soyez-moi donc miséricordieux !

Aussi bien nous voilà dans le lieu saint; voyez ces deux voûtes, voyez l'appareil des deux tours jumelles qu'elles forment à l'extérieur; voyez les cintres de leurs petites ouvertures : j'ai regret à les avoir exclues de l'ère Gallo-Romaine; je suis sur les épines. Examinez-les bien, mais vite; le viel ami décrit aussi ces coupoles; je vous communiquerai son travail. Observez le monument, nous verrons s'il aura le mérite de l'exactitude.

Discutant sur l'âge de ces coupoles, certains veulent qu'elles soient l'œuvre des Romains, ce qui peut fort bien être; le reste d'un temple à Mercure, ou tout autre dieu qui vous conviendra mieux. D'autres préfèrent leur assigner une existence toute chrétienne. Construites dans les premiers siècles du christianisme, elles seraient une imitation du temple majestueux élevé de 531 à 538 par Justinien sous l'invocation de la Sagesse du Verbe incarné *(aghia Sophia)*, et depuis connu sous le nom de Ste.-Sophie de Constantinople. (1) Les pilastres carrés qui soutiennent les voûtes, les deux colonnes engagées sous l'un d'eux, ont un caractère spécial, analogue à celui du revêtement extérieur : des peintures ornaient ces coupoles, le badigeon les a couvertes.

Mosaïque monumentale, cet édifice a cela de particulier, qu'il réunit les divers styles architectoniques du moyen-âge et qu'il suffirait pour l'étude de l'art en ce qui concerne les monuments religieux.

L'extérieur vers l'abside nous offre des restes du septième au dixième siècle, le corps de la nef des constructions du onzième au douzième. N'oublions pas surtout ce tympan ignoré jusqu'à ce jour et dont l'anté portique isolé et seul apparent dans la rue motiva des erreurs de la science. Là sont le Sauveur, la Vierge, les Apôtres, St. Étienne, que l'on martyrise, St. Génulphe, qui fait des miracles et que l'on arrête, la ville, le ciel, des fruits, des ornements et des colonnes.

La voûte du chœur, le clocher retracent l'architecture ogivale du commencement du XIVe siècle; cette chapelle à droite, l'art au XVe; et ce cloître dentelé, festonné, l'ogive ornementée du commencement du XVIe; c'est l'arrivée de la renaissance.

Le style du XIIIe se trouve encore dans l'ancienne chapelle de St. Blaise et Ste. Cathérine, construite par Sicard de Montaigu, qui y fut enterré en 1300, et dont le tombeau a été récemment découvert, mais presque aussitôt remasqué par un imperturbable confessionnal.

Sortons, les monographes m'en voudraient : mais n'éprouvez-vous pas, comme moi, le désir de voir ce beau musée religieux se dégager du mortier, de la poussière, du badigeon, et des planches qui couvrent et salissent ses beaux détails? Les siècles étaient venus déposer là leur savoir et leur hommage au Très-haut; on avait gravé le nom des évêques sur leur tombe comme pour rappeler leurs vertus à leurs successeurs; et tout cela nous le couvrons de notre mesquin *confortable;* cette chronologie des arts, du zèle et de la mort disparaît sous nos parquets, nos badigeons, et nos confessionaux. Dites-moi, je vous prie, pourquoi ces confessionaux ne

(1) Voir la description de sainte Sophie de Constantinople, et l'histoire de sa construction, par M. Texier.

seraient pas disposés de façon à ne pas cacher les tombes des évêques, qui firent quelque chose pour leur cathédrale ?

Il est un monument qui remonte aux premiers temps du christianisme, dans lequel les cendres de St. Didier reposèrent jusques en 1580, et d'où elles furent exilées par les calvinistes: le zèle d'un Cadurcien les sauva pour les y replacer plus tard ; ce monument est sculpté. Pour mieux le masquer, on a coupé avec le ciseau la partie supérieure à un, deux, trois pouces d'épaisseur : on pouvait s'éviter ce travail honteux en donnant à la boiserie une marche de plus. Sera-t-on jamais assez charitable pour restituer aux chrétiens, aux arts et à l'histoire le plus ancien monument existant del'Eglise chrétienne dans le Quercy ? Sortons, vous dis-je...... (1)

Puisque votre esprit est en ce moment occupé des monuments religieux, allons à St. Urcisse.

Il est des destinées vraiment singulières : Urcissin, évêque de Cahors, fut excommunié pendant sa vie et canonisé après sa mort.

Ceci s'explique pourtant : l'excommunication fut un arrêt politique, et les arrêts politiques n'ont jamais nui à une considération justement acquise. (2)

____

(1) Pour les détails justificatifs de tout ce qui précède, voir DOMINICI, FOULHIAC et la monographie de la Cathédrale de Cahors, que nous allons publier.

(2) Urcissin avait reçu dans Cahors, Gombault (qui se disait fils de Clotaire) compétiteur de Contrand qui le battit et le fit périr, ainsi que le raconte longuement Grégoire de Tours.

Ce fut le Concile de Macon qui frappa notre saint, et tous les auteurs remarquent avec douleur qu'il fût le seul évêque puni, tandis que ceux de Marseille où débarqua Gombault, Toulouse, Bordeaux, Saintes etc. etc... qui le secondèrent, ne subirent aucune correction.

Notre saint dut s'abstenir pendant trois ans de vin et de viande, ne couper ni ses cheveux, ni sa barbe, ne pas faire d'ordination, consécration d'église, ni de saint chrême, ne pas même bénir de pain pour les présents suivant les usages du siècle.

Les chronologues ne sont pas d'accord sur la date de la sentence ; elle est de 583 à 588. Vid. BARONIUS, GRÉGOIRE DE TOURS, LACROIX, DOMINICI, FOULHIAC, HUGUES DU TEMPS clergé de France.

Voici ce qu'on avait le bon esprit d'écrire il y a trois siècles :

CETERUM *nihil derogaverit ex fulminis ecclesiastici intentatio apud æquum rerum estimatorem Urcisino nostro de sanctitatis fama : quippe cum proclive sit in ujuscemodi civilibus dissentionibus re nondum satis comperta alteri adhærere parti cui favendum sine culpâ, vel si non absque errore, autumes.* LACROIX.

Or donc entre autres localités qui s'empressèrent de consacrer la mémoire d'Urcissin, nous devons citer LAUZERTE et CAHORS.

L'église de Cahors est constamment restée en possession du titre de paroisse : la voici.

Nous entrerons, s'il vous plaît, par une porte du 14me siècle, car on a bâti la porte primitive. Vous remarquerez d'abord cette entrée actuelle, portant dans son dessin ses niches, ses sculptures, le cachet de l'époque ; vous applaudirez surtout au talent de l'ouvrier qui fit la belle rosace placée au-dessus ; mais vous maudissez le stupide badigeon qui couvre tout cela ? Patience, je vous prie, car vous n'avez pas fini avec le badigeon : il est entré dans l'église, et là despote, il a tout allourdi, tout épaissi, tout sali. Voyez plutôt ces colonnes, ces chapitaux, ces voûtes ; ces détails d'ornement ; produits d'époques diverses, chacun était une date vivante ; et et les voilà ternes et roides, comme les malheureux que frappe la baguette d'une méchante fée. Une inscription même, n'ayant pu trouver grace devant le barbouilleur délétère, s'était cachée, honteuse, derrière un confessionnal. Elle a été raclée, lavée, lue ; nous la verrons bientôt.

La direction de l'église est de l'*est* à l'*ouest*. Sa construction primitive remonte, vous le savez, à une haute antiquité, mais elle subit le sort des œuvres sorties des mains de l'homme : on la reconstruisit vers le 12me, à la fin du 11me je crois ; et j'en prends à témoin ces lourds pilastres carrés dans lesquels sont engagées les demi colonnes.

Les chapitaux qui, vers le bas de l'église, ne représentent que de larges feuillages, se peuplent en montant. Voici un Christ entouré de St. Jean et de femmes : admirez cette Eve en tentation ; pendant qu'un énorme serpent galament colloqué sur l'arbre, lui offre la pomme séductrice ; le diable lui parle à l'oreille : que peut-il lui dire ? Je l'ignore, mais il a l'air malin. Eve était une belle femme, car il est obligé de se dresser sur la pointe des pieds. Ne soyez pas surpris du desha-

billé des personnages ; les automnes du Paradis terrestre
étaient habituellement chaudes et les sculpteurs du 11me
siècle consciencieux. Nous apprécierions dignement cette
mère de Dieu, tenant sur ses genoux le corps de son fils des-
cendu de la croix : mais le badigeon, le badigeon.... (1)

On répara donc cette église dans le XIVe siècle, s'il faut en
croire le style de l'ouvrage, et pour cela on éleva en ogive les
arcs à plein cintre ; on fit des voûtes à nervure, et tout cela
fut placé sur les murs et les colonnes solides de l'édifice. L'abside, la porte murée et donnant sur le jardin de M. Plantade
offrent le caractère primitif ; petit damier, colonnete seule
et continuée par le boudin indiquant le germe du tiers-point,
etc. etc.....

---

(1) Tout ce qui précède est le résultat de la seule inspec-
tion du monument : la chronique, p. 44, en justifie une
partie dans les termes suivants : « *Deux églises à St. Urcisse,*
» *l'une qui est une des principales dans la ville de Cahors où*
» *elle compte au nombre de ses plus anciennes paroisses ; sa*
» *cypte souterraine, plusieurs débris de marbre blanc et d'un*
» *bon style qu'on y a découvert depuis peu, annoncent une*
» *église des premiers temps, laquelle, tombant en ruine vers*
» *1200, fut reconstruite telle qu'on la voit aujourd'hui,*
» *comme l'annonce l'inscription de la muraille du côté droit*
» *qui est d'un caractère du XIIIe siècle.* »

L'abbé Foulhiac n'a pas tenu compte des deux époques
de construction que présente cette église ; il s'est évidemment trompé. Mon appréciation est justifiée par le texte suivant de Lacroix qui écrivait environ quatre-vingts ans
avant Foulhiac :

» *Extat item ecclesia Caturci...... quamquàm fornices tec-*
» *tumque super structum recenti sunt opere, tamen stilobatæ*
» *nec non columnæ egregio eoque perantiquo opere in eo collo-*
» *catæ spectantur.* »

Guillaume DE LACROIX, avocat, auteur de RERUM CADUR-
CENSIUM AB EPISCOPIS IN ECCLESIÆ GESTARUM, naquit en 1575,
et mourut en 1614, durant son second consulat : il fut in-
humé chez les Grands-carmes, où on lui éleva un monument.
On doit à Lacroix la découverte et la conservation de documents historiques précieux.

La première église existait dès le VIIe siècle. DOMINICI, p.
254 ; VIE DE ST. DIDIER, chap. 19.

2

Au bas de l'église sont des fonts baptismaux du XVe siècle, mais là encore le badigeon blanc et ocre.

La crypte placée sous l'abside est aujourd'hui une cave d'une fraîcheur remarquable; elle resta ignorée durant plusieurs siècles, et fut découverte vers 1680, ainsi que le constate l'abbé DE FOULHIAC.

Mais voici l'inscription dont je vous ai déja parlé et qu'avait signalé cet auteur; elle est en caractères de l'époque :

```
PATER : NR : PER UN SERMA : DE : RODOLI
QUE FETS : AQUESTA PARET : E LAISSE
T : V : S : PER SI E PER SA MOLHER : A SO
ANNOAL FAR : AN CADAN : SO
BRE LA SUA MAIO : ✝ AMEN.          (1)
```

Vous avez observé que des tableaux et des sculptures sur bois en relief, ont été placés dans cette église à peu près sans discernement. Cet autel a des chasses, des amours et des Bacchus fort peu catholiques : ils appartiennent au XVIe siècle.

Soyez persuadé que le pasteur actuel de St. Urcisse rectifiera prochainement tout cela : il souffre autant que nous de l'absurde badigeon.

On songe à gratifier cette église d'un clocher. Je compte assez sur notre aimable architecte pour espérer que ce clocher superposé au portail sera du même style.

Il est une autre église dont la fondation remonte au VIIe siècle, et qui fut long-temps une paroisse sous l'invocation de St. Géry, après avoir été un monastère. Elle est aujourd'hui une dépendance du magasin des tabacs.

Ce monument, quoique peu spacieux, mériterait une monographie et serait un grave objet d'étude.

---

(1) J'aurais voulu donner cette inscription en caractère figuratif, mais les imprimeurs de Cahors n'en ont pas; c'eut été le moyen de provoquer l'attention, et surtout une rectification : je crois m'être trompé en disant UN SERMA, mais c'est la valeur la plus approximative d'une double abréviation que présente ce mot; le reste est exact : *Pater noster...... Rodoli qui fit ce mur, et laissa cinq sols pour lui et pour sa femme, pour faire son annuel chaque année, sur sa maison. Amen.* Remontant à la construction du mur, cette inscription est bien évidemment antérieure à 1200.

Sa porte, aujourd'hui presque couverte par un inutile et malencontreux terrassement, présente aussi le petit damier et la colonne à boudin du Xe siècle.

Dans l'intérieur nous trouvons des pilastres carrés dans lesquels sont engagés des demi colonnes, mais ces colonnes sont lourdes, courtes, le chapiteau n'a pour ornementation que des feuillages allongés ; le socle est enseveli dans les décombres, mais l'un d'eux accuse une cannelure assez lourde. L'appareil de la voûte ancienne est régulier et soigné ; vous remarquerez que tout ce qui dépend de cette vieille époque est à plein cintre. Peut-être hésiterez-vous comme moi, et voudrez-vous assigner à cette construction une époque bien antérieure au XIe ? Il est à remarquer que l'appareil moyen employé, est en pierre de grès, et de la qualité du grès des Cadourques.

Cet édifice fut réparé, agrandi vers le commencement du XIIIe siècle, ainsi que l'attestent les voûtes de l'abside et des bas-côtés, leur nervure et plusieurs croisées ; le dernier architecte éclaira l'abside par une ouverture à trois ogives qui sera toujours très remarquable : c'est celle qu'on a bâtie avec un torchis en terre. (1)

---

(1) Cette appréciation architectonique est encore justifiée par nos chroniques :

« *Extat autem illa vetustissima structurá fornice tenus*
» *composia ; nam quœ superstructa, recentiori multò est*
» *opere, rescripto que Paschalis suo loco mandando comme-*
» *moratur, nec non diplomate Ramundi comitis tolosani.*
» *Dato* an Ch. 1225. *De quo ad eum annum agetur...* » (Cet acte de Raymond, daté de l'église St. Didier, est relatif au fameux procès de la cloche.) Lacroix, pag. 30.

« *Dans une de ses epistres à Grimoald, maire du palais*
» (St. Didier) dit : *Conditiones monasterii nostri quod nuper*
» *in honore sancti Amandi œdificavi digneris recipere per*
» *omnia commendatas......* Aujourd'hui c'est une paroisse
» dédiée à sa mémoire et le peuple fidèle qu'il a commandé
» lui a conféré ce qu'il avait consacré pour un autre, etc.
Dominici, pag. 256.

« Le même évêque (Didier) fit bâtir à une distance d'en-
» viron sept cents pas de la Cathédrale, mais cependant hors
» des murs de la ville, un monastère auquel il donna de
» grands biens, et qu'il désigna pour être le lieu de sa sépul-
» ture. Il y fut enterré en effet, et l'auteur de sa vie nous

On a récemment trouvé dans cette église une caisse sépul-chrale en pierre, et un autre objet que l'on croit être un petit baptistère : ceci est à étudier.

N'éprouvez-vous pas une sorte de terreur en jetant un der-nier coup-d'œil sous cette sombre voûte? C'est là que les inquisiteurs passèrent leurs 38 premières années ; c'est là qu'il débutèrent par condamner les morts. (1)

» dit que, de son vivant, il se faisait beaucoup de miracles sur
» le tombeau de ce prélat. La traduction veut que cette église,
» où reposèrent les cendres de St. Géry, soit la même que
» celle qui lui est dédiée.) FOULHIAC.

(1) Les inquisiteurs furent introduits à Cahors en 1226, et logés à l'église St. Géry par Guillaume Cardaillac, évêque, et Dantejac, secrétaire de la Cathédrale, et plus tard évêque. Leur chef était le père Cellani. En 1231, l'évêque de Tournay, légat du Pape, établit l'inquisition, et la même année Cellani et Géraud Arnaldi condamnèrent Géraud de Castelnau, quoique mort. Son fils enleva le cadavre pendant la nuit, pour ne pas le voir traîner publiquement sur la claye, comme cela avait déjà eu lieu.

« Sic enim GUILLELMUS PELISSONUS ejus ævi fidelis scriptor
» ad an Ch. 1231. PETRUS CELLANI et F. S. ARNALDY fece-
» runt inquisitionem in Caturco, contrà hœreticos ; et con-
» demnaverunt ibi aliquot defunctos quos trahi fecerunt per
» urbem et comburi. » Nous n'avons pu retrouver les écrits de Pelisson, cité par LACROIX, pag. 94, et DOMINICI, pag. 184 ; seulement nous savons que ce Pelisson, un des premiers religieux de cet ordre, a fait un recueil de tout ce que les in-quisiteurs de la foi firent contre les hérétiques depuis l'an 1229 jusques en 1236, assez exact et curieux en ce qu'il est écrit ; mais il n'a jamais vu la lumière. Ibid.

Un autre seigneur, Jean de Lagarde, fut brûlé vif à Mon-ségur, avec autres 200 personnes.

Raymond de Broëles se réfugia à Rome ; mais ayant été condamné ici, on le précipita dans le Tibre.

Foulques se fit moine, et n'en fut pas moins obligé de fuir en Lombardie.

Bernard de Castelnau, seigneur de St.-Cirq-Lapopie, fut condamné et ses biens confisqués en 1251. Hugues de Car-daillac les acheta en 1265.

« C'était une terrible justice, dit le vertueux chroniqueur,
» fort courte et sans appel : elle ne dura pas long-temps en

Après avoir remercié M.. Wiser, garde-magasin, de son aimable accueil, et lui avoir recommandé ce pillier qui s'écroule, et ce monument qu'il conserve très bien, dirigeons-nous vers St. BARTHÉLEMI, autrefois St Etienne de Soubirous. (1)

Cette église a été soumise à de cruelles vicissitudes. Son architecture de droite présente le faire gracieux du XIIIe siècle, tandis que son flanc gauche nous accuse une construction bâtarde et pauvre, type d'un vrai crétinisme architectural. Et voilà que l'on vient de le completter ce crétinisme, en crépissant, blanchissant tout l'extérieur avec un soin, une pesanteur qui fait rivaliser ce monument avec la grange du cultivateur le plus soigneux du département.

Le clocher lui-même et son triple rang de croisées ou arcades ogivales superposées, n'a pu échapper au vorace badigeon. Qu'avait-il donc fait le boîteux monument pour être ainsi injurié dans sa partie correcte? Voyez comme ce malheureux clocher badigeonné fait amende-honorable auprès de

» France, mais elle se maintint en Espagne, où elle existe » encore : 1680. » FOULHIAC.

Plusieurs de ces hommes de sang périrent à leur tour de mort violente ; une chronique nous dit :

« L'an 1242 et le jour de l'Ascension de nostre Seigneur, frère Guillaume Arnaldi, homme fort discret, constant et débonnaire, qu'estait inquisiteur de la foy, avec autres deux frères de sa religion, et Remond de l'escrivat archidiacre de l'eglise tolosaine, et le Prieur d'Avignonet de Cluse, et Pierre Arnaldi notaire de l'Inquisition avec trois d'Avignonet en la diocèse de Tolose, faisans la poursuite aux heretiques pour raison de la foy, furent tuez des ennemis de Dieu et de la foy cruellement dans la Salle du Conte, par le commandement de son Bayle qui les avoit la conduictz : Lesquels en leur mort chantient le Cantique : *Te Deum laudamus*, dont l'atrocité et horreur du fait contraignit qu'elcuns d'adherer au Conte de Tolose en la guerre conspirée contre le Roy. » GUILLAUME DE PUY LAURENS *l'histoire des guerres faictes en plusieurs lieux* de etc. etc. traduit par FORNIER : à TOLOSE 1562.

(1) Qu'il ne faut pas confondre avec Ste. Marie de Soubirous, aujourd'hui démolie et remplacée par le jardin de M. Théron, juge. Toutes deux sont souvent mentionnées, et notamment dans l'acte de donation de l'évêque BARTHELEMI, du jeudi, veille de St. Marc évêque, en 1272, où il mentionne aussi celle de St. Didier, St. Urcisse, St. Jacques (depuis St. James). LACROIX, pag. 123.

sa voisine la tour DUÈZE, en compagnie du Château du Roi et du pont de Valentré; il fait vraiment pitié, et je ne serais ni surpris ni fâché d'apprendre que ses ennemis ont été condamnés à le débarrasser du costume ridicule dont ils l'affublèrent.

L'ocre est entré en concurrence avec le blanc, pour attaquer l'intérieur, les nervures, les colonnes; et les sculptures ornementées du XVe siècle qui décorent le monument placé sous le porche.

De belles ruines existent encore au-delà de la rivière : une fabrique de bouteilles est placée dans l'ancien enclos des Dominicains. L'église et l'oratoire, seuls restes du XIIIe siècle, attestent l'élégance et la noblesse de son architecture, en même temps que la fortune et la puissance des constructeurs. Ces faisceaux de colonnes si déliées, ces chapiteaux, ces feuillages si bien fouillés, tout cela fut l'œuvre de peu d'années, car l'enclos fut donné en 1261, par le riche ARNAUD BÉRALDI, et les Dominicains purent transférer leur résidence dans le nouveau couvent dès 1264. Des moines farouches portèrent dans nos montagnes la désolation et la solitude; la solitude et la désolation vinrent plus tard frapper au monastère............
Hic estdigitus Dei....

Il fut ruiné par les protestans en 1580.

A peu de distance de Cahors, sur la rive gauche du Lot, un Roc, toujours couvert d'une pelouse fraiche et qu'ombragent des arbres à la végétation vigoureuse, s'élève et présente une position agréable et pittoresque.

Son flanc caverneux logea dit-on St-AMBROISE, vers la fin du VIIIe siècle, (1) et la piété des fidèles construisit sur cette grotte un oratoire vers 1308. Détruit pendant la guerre des anglais, il fut reconstruit à la fin du XVe siècle et nous présente le caractère encore très-bien conservé de cette époque. Les armes de la ville sont sculptées sur la porte de la caverne placée sous l'oratoire. Les sculptures sont en bon état de conservation, mais le toit de la chapelle est tombé naguères et la

---

(1) La piété, la régularité de mœurs de l'évêque Ambroise lui suscitèrent des tentations et des ennemis. Une dame très-noble fut un soir frapper à sa porte: l'évêque n'ouvrit pas mais se mit en prières : la dame cracha le démon de l'impureté sous la forme d'une immense couleuvre. Ambroise fut se cacher dans la grotte et s'y scella par une chaine en fer; de plus il fit jetter la clef de la grotte dans le Lot par son confident Agrippinus. Au bout de trois ans un gros poisson est pris et destiné à une fête chez le nouvel évêque. Or on trouve une clef dans

voûte se trouve sous l'action de la pluie; des jeunes arbres commencent à pousser dessus, et ce charmant hermitage court vers une destruction prochaine. Il est la propriété d'une famille honorable et riche (M. Izarn, *Juge*), qui sans doute le restaurera bientôt, ou permettra sa restauration par la ville ou le département. Une très faible somme suffirait encore.

Sur les murs étaient des peintures racontant la vie de St-Ambroise.

La belle nef des Cordeliers, aujourd'hui badigeonnée et mutilée par et pour le collége royal; les Augustins; St. André; le vaste et beau vaisseau des Chanoines réguliers (séminaire); d'autres restes encore réclameraient votre attention, mais ils sont si fort dénaturés, coupés, badigeonnés, que je n'ose vous les montrer. Changeons de sujet.

Riche de ses édifices religieux, le moyen-âge ne l'était pas moins de ses constructions civiles. Ici surtout l'énumération serait longue, et Cahors nécessiterait une étude attentive et suivie. Respectant à la fois l'interlocuteur, le lecteur et l'imprimeur, signalons seulement les bâtiments les plus saillants.

Après le sac et l'incendie de Cahors, (1) alors que le grand Didier entreprit de rétablir la ville des *Cadurci*, il lui donna pour enceinte un mur qui, partant de la rivière et longeant ce qu'on appelle improprement les Fossés, se repliait là où sont aujourd'hui les dames blanches, pour aller joindre l'escarpement du roc: des restes d'une porte sont encore à l'extrémité de la rue dite de la Citadelle qui joint ce mur à la place La Fayette. Ce tracé, qui remonte au VIIe siècle, a subi les attaques de ceux qui l'ont suivi; il subsiste encore malgré de nombreuses coupures et les innombrables ouvertures faites dans le mur.

La vieille ville n'avait qu'un pont, celui des Romains: la municipalité fit commencer la construction d'un second en 1251, c'est celui dit Pont neuf ou d'Henri IV (c'est-à-dire par lequel ce prince, alors roi de Navarre, pénétra dans Cahors, qu'il prit après un combat de cinq jours dans les rues.) Son élévation, la beauté de ses arcades primitives ne vous

---

le ventre de ce poisson, qui l'avait plus facilement avalée que digérée. Cette clef fut reconnue par Agrippinus; Ambroise fut délivré mais ne voulut pas rester à Cahors; il fut à Rome, puis à Bourges, où il mourut. Lacroix, Dominici, Foulhiac, etc. etc.

(1) Voir le mémoire des Cadourques

échapperont pas : vous remaquerez le bourrelet ou boudin qui garnit l'extérieur du cintre ; ses détails et la date précise de sa construction sont d'une utilité réelle pour l'appréciation de l'âge de ceux de nos monuments dont l'acte de naissance est perdu.

La construction de ce pont souffrit quelques difficultés résultant de l'opposition de l'évêque BARTHÉLEMI, qui perdit par là le produit du port Bullier, mais PIERRE, abbé de Tulle, termina la lutte en lui attribuant un droit de péage sur le pont. La pile du milieu fut enlevée par le Lot en 1486 et rétablie presqu'aussitôt par *Jehan* MÉDOC, *maçon, de Villefranche*.

Vous remarquez plusieurs piles et arcades nouvelles ; ce sont des restaurations modernes en dehors du style de l'édifice ; il était défendu par deux tours très élevées que l'on a eu la malheureuse idée de détruire.

La même faute n'a pas été commise au pont de VALENTRÉ : Il est à peu près tel que nous le légua le XIVe siècle.

Conçue par l'évêque Barthelemi (1), favorisée par le roi de France (2) et le Pape, cette belle et noble construction fut préparée par les consuls et enfin arrêtée par le conseil de ville de Cahors, en 1306.

---

(1) « Il est le premier qui eut le dessein de bastir le pont de Valentré, si bien que l'ayant communiqué au Pape Alexandre IV, il en receut 200 marcs d'argent pour ayder à cette entreprise à prendre sur les amendes des usuriers qui extorquaient au-dessus de vingt pour cent: d'ou est venu en partie que le vulgaire dit que ce beau pont à esté basti par le diable à cause que les deniers provenant d'un crime diabolique ont esté employés à la bastisse. DOMINICI, page 318.»

(2) « Grace au zèle du malheureux évêque Geraldi : Eodem Christi anno 1314, haud dubium, quin Hugonis amicissimi precibus, Philippus IV. Galliæ rex Cadurcensi ponti celeberrimo illi, trinis turribus perinsigni exædificando vectigalium vim non modicam expendendam edicit, uti ex fidelibus tabulis, Civitatis nostræ docet armarium PHILIPPUS. etc. *Dilecto filio Geraldo episcopo suession. sal. et dilect, Vobis tenore præsentium committimus et mandamus, quod super incumbentibus operi pontis qui de novo construitur apud Cadurcum, in portu vocato Valantre ac dispensatione Patagy, quod pro hujusmodi opere faciendo hominibus ejusdem civitatis concessimus, vocatis vocandis, vos plenius informantes, si dictis Patagy emolumentum in dictum opus applicatum fuisse legitimè repereritis, et quod adhuc ipse pons gra-*

La première pierre fut placée par Géraud de Sabanhac, le lundi avant la fête de St. Jean Baptiste 1308, sous l'épiscopat de Raymond Panchel. Le nom de l'architecte ne nous est pas connu ; *son épitaphe se voyait jadis au cloître des Cordeliers, avant qu'il ne feut ruisné par les hugunots,* nous dit DOMINICI, pag. 325.

Il est peu d'édifices aussi beaux, aussi riches de style et de génie. Se dégageant d'une nappe d'eau, large et profonde, l'ogive svelte et forte s'élève, laisse au fleuve un passage toujours assuré, mais exige de lui un asservissement complet et continu. Cette double pensée se réalise encore sur la route ouverte par le pont ; et si l'architecte nous assure le passage, son génie nous maîtrise par trois tours qui trois fois nous arrêtent pour nous demander compte des émotions qui nous agitent.

Voyez comme sûres de leur base, elles affrontent et les flots et la foudre !.... Vous apercevez leur sommet, mais le point de départ vous le chercheriez en vain ; il est dans la profondeur de l'abîme : elles sont, et leur orgueil noble et calme vous révèle toute la puissance, toute l'énergie du moyen-âge.

Des guerres désastreuses avaient ruiné l'État, dévasté, dépeuplé le pays ; ce que le fer du guerrier épargnait, le bûcher de l'inquisiteur, la torche du sectaire le dévoraient ; et cependant l'esprit national se formait, le tiers-état déchirait par fois les langes dont était entravée l'action du peuple ; et constant dans son but comme dans ses efforts, caratérisait par des institutions et des œuvres son esprit et la mission qu'il reçut de la Providence. Ces institutions on a pu les méconnaître, les briser, mais épurées et victorieuses, elles forment désormais un indestructible faisceau ; et ces œuvres sont là, qui nous disent combien il y a de puissance dans un vouloir rationnel et ferme.

Je vous ai dit que Barthélemi s'opposait, en 1251, à la construction du Pont-neuf pour un misérable péage ; les consuls insistèrent, et le pont fut construit. Quelques années plus tard Barthélemi apprécie l'avantage d'un pont ; les consuls, le conseil votent celui de Valentré. Le Roi, le Pape approuvent leur idée ; des péages, des droits sont perçus. En 1328

---

tia nostra indigeat pleniori, ipsum Patagium pro hujusmodi opere complendo more consueto ad tempus quod ad hoc sufficere videritis, ex parte nostra per litteras vestras dictis hominibus concedatis. Datum Parisiis, 2 Aug. A. D. 1314. LACROIX, pag. 192.

PIERRE MAURY, bourgeois, va à Paris, solliciter encore le maintien du péage. (1) Il réussit, et après bien des années de souffrance et de travail, la citée est dotée de ce bel édifice. Moins heureux que lui, les deux autres furent victimes de crues d'eau considérables : on les répara ; il nous est arrivé intact.

Mais nous avons long-temps causé ; nos idées se sont, par fois, assombries : allons au Château du Roi.

Il est plus ancien que les ponts. Il est de la première partie du XIIIe siècle, s'il n'est pas de la fin du XIIe : c'est l'époque de la première ogive. Malgré les mutilations récentes d'ouvriers trop avides, la grande tour présente encore des sculptures remarquables ; cette cheminée qui, solitaire, plane sur un triste préau, vous atteste aussi l'intelligente adresse du sculpteur et du maçon ; j'allais dire du fumiste.

Cet édifice sert de prison ; il était n'aguères palais de justice : or voici comme il devint *Château du Roi.*

Arnaud de Montpezat en était propriétaire. Je vous ai dit que les inquisiteurs le poursuivirent comme hérétique vers 1232, et cet infortuné seigneur *feut condamné d'estre basti entre quatre murailles et ses biens confisqués, au nombre desquels estait le Château Royal où l'on rend aujourd'hui la justice, et une partie de la ville et seigneurie de Montpezat, dont l'évesque jouit longuement...... Il se justifie d'un accord passé en 1257, entre Alphonse, comte de Poitiers, et de Tolose et Barthelemi, évesque de Cahors, tous deux prétendants à ces confiscations.* DOMINICI, pag. 185.

Revenant vers le haut de la ville, nous allons rendre hommage à la maison, à la tour Duèze, mieux connues sous le nom de Jean XXII.

Ce qui reste de ce vaste bâtiment atteste sa grandeur passée, et la grande fortune de celui qui le fit bâtir. Peu vous importe sans doute de savoir si la famille Duèze était noble

----

« Son voyage dura 46 jours il dépensa pour sa nourriture, celle de son valet et de son cheval 17 livres 5 sols tournois, les lettres des barres (péage) qu'il obtint pour quatre ans, coûtèrent 12 livres 11 sols pour le sceau ; le louage du cheval pendant les 46 jours coûta 6 livres 18 sols ; il eut 7 sols 6 deniers pour la chaussure de son valet ; à son arrivée, il reçut pour ses peines une robe d'honneur valant 10 livres ; le tout se monta à 56 livres. L'œuvre du pont en paya 35 et la ville 21. Ce pont Valentré avait été commencé en 1306, et n'était pas encore terminé en 1378. FOULHIAC, 283.»

ou non. Jacques arriva à la thiare, la porta dignement et
fit du bien au pays : voilà l'important.

La tour que voilà et ses six étages, le parallèlogramme de
constructions dont elle fait partie, ont une physionomie parti-
culière et parfaitement caractérisée ; ils furent bâtis par
Pierre Duèze, frère de JEAN XXII, déjà Pape, après 1316 ;
voilà qui vous arrange et moi aussi, car nous avons désormais
plusieurs types qui ne peuvent nous tromper, à l'aide desquels la classification des monuments du Lot est désormais facile et claire.

Mais écoutez donc, ce palais (car c'en était bien un) quelque temps habité par l'opulente et désormais seigneuriale famille desDuèze,reçut le prince deGalles fils d'Edouard,roi d'An-
gleterre, etautresroyales personnes. Bientôtaprès les religieuses
des Junies(1400). Le Lotavait emporté quelques piliers dupont-
neuf;pour lesréparer, on démolit une partie de la maisonDuèze,
que les religieuses avaient laissée délabrer; et en 1423 on y ca-
sernait les prisonniers anglais, puis des Cordelliers; aujour-
d'hui........ *horesco refferens :* on y loge le bourreau.

Comparez le sort de ces deux édifices, construits par le riche
et pour le riche, à celui des constructions d'intérêt général.

Le rempart qui frappa votre attention en arrivant doit
clore notre examen du moyen-âge.

LABARRE fut construite pour mettre la ville à l'abri des
anglais, routiers et autres pillards dont était alors infesté
le Quercy. D'abord dans le XIIIe siècle et vers son commencement, on avait construit les deux grosses tours *est* et
ouest du plateau ; alors elles étaient reliées par une jettée en
terre, soutenue par des pieux ; de même dans la plaine sous
le roc de St. Mary ou Ste. Croix , mais la résistance dût être
proportionnée au danger ; de là le rempart qui nous occupe,
on fit d'abord le plateau en 1445, et plus tard en 1492 la
partie du Pal. (1) Il porte les traces d'aggressions nombreuses ,
il devrait dire aussi la valeureuse résistance des citoyens pré-
posés à sa garde. Là nos pères prouvèrent souvent que la valeur est
héréditaire sur le sol du Quercy. (DOMINICI et FOULHIAC.)

Après cela, vous parlerai-je des restes de l'édifice de la
Rode, du rempart, des bains, etc. tout cela est à peu près
ruiné ; l'intérieur de la ville vous fournit à chaque pas des
restes de constructions civiles de ce moyen-âge si peu connu,
si digne de l'être ; mais vous êtes déja fatigué ; Passons à
l'époque qui suivit.

_____

(1) TOUPICNON, lieutenant du sénéchal déposa un écu d'or
sous la première pierre.

LA VILLE RENAISSANCE.

Cette expression, aujourd'hui consacrée, pourrait fort bien être contestée, mais ce n'est pas notre affaire; occupons-nous des édifices, et laissons aux écolâtres les discussions sur les mots.

Comme j'ai la consciencieuse conviction que l'ogive ornementée, festonnée fut mêlée à l'anse à panier au plein cintre renaissant (ce que je prouve par les édifices), je vous renouvelle le cloître de la Cathédrale, commencé en 1504, auquel on travaillait encore en 1506.

La chapelle contiguë qui pourrait bien être celle primitive de St. Gausbert; vous voyez qu'il y a là richesse d'ornements, luxe de sculpture, effort de patience et d'adresse, ogive encore, mais ogive s'affaissant sous les ornements et arrivant à une autre forme de voûte.

La maison contiguë à la chapelle, et qui, je crois, appartient à M. Galdemard, est des années qui suivirent; vous trouvez là les médaillons, les sculptures, les détails du château du Montal près St.-Ceré, plus vieux peut-être de quelques années, car il fut commencé par Robert de Balzac, vers 1545.

Nous devons classer encore, comme appartenant à cette époque, l'église du collége actuel et la maison de St.-Projet, bâtie vis-à-vis par Antoine d'Allemands, archidiacre de Tournez, frère et oncle de nos évêques du même nom. Tout cela fut plus tard donné aux Jésuites. Ceci fut construit à la fin du XVe siècle, mais la porte de l'église est postérieure et porte le cachet de la renaissance opérée; chapiteaux corinthiens, entablements, etc. etc.

L'ornementation maniérée de cette croisée Géminée de St.-Projet, placée dans l'angle, et donnant sur deux rues, dût beaucoup plaire, car nous la retrouvons dans un grand nombre de maisons de l'époque.

L'hôtel de la mairie actuel appartient à la renaissance : plusieurs de ses portes, de ses croisées portent le cachet du XVIe siècle, et présentent des sculptures intéressantes et soignées; mais tout cela est coupé, caché, gâté par de malheureuses restaurations postérieures, et tout le monde est d'accord pour réclamer une rénovation complète. On la commence, et j'ai bien la certitude que l'architecte conservera pour le Musée un grand nombre d'objets intéressants.

La maison paternelle de la famille Roaldès mérite aussi votre visite : les ornementations de sa porte et de la tour sont caractéristiques de l'époque de sa construction : c'est là que logea Henri, Roi de Navarre, lorsqu'à la tête des protestants, il eut pris Cahors, le dimance 29 mai 1580.

Trois croisées, remarquables par la variété de leurs dessins respectifs, sont aussi de cette époque ; nous les trouverons dans la rue qui conduit des fossés à côté de la maison de M. Pontus, professeur, à la rue Royale. Dans cette même ruelle, à gauche et tout près de la rue Royale est la maison de M. Issala, qui date du même siècle. A droite et vis-à-vis se trouve celle habitée par le brave Grenouillau. Je vous nomme avec plaisir cet *Officier de la légion d'honneur* : il fut du nombre de ceux qui, fidèles à leur serment et au malheur, suivirent le Grand Homme à l'île d'Elbe. M. Grenouillau conserve à ses croisées les vitraux coloriés qui les décorèrent dès le principe. XVe siècle.

Nous trouverions, en courant, des escaliers, des croisées, d'autres restes encore des XVe, — XVIe et XVIIe siècles ; mais rien n'est complet, ce sont des incrustations sur l'ancien style qui témoignent de nouvelles idées d'architecture et qu'effacent les objets que vous venez de voir.

LA VILLE NOUVELLE.

Il n'appartient pas, dit-on, aux contemporains de caractériser leur époque : je suis de cet avis ; mais il leur est permis de signaler, d'énoncer : voilà mon affaire.

La fin du XVIIe et le XVIIIe virent construire plusieurs édifices. Après la tourelle percée à jour, pittoresque si vous voulez, mais étrangère à tout style architectural, qui sert de clocher au collége royal (ex-Jésuites), vinrent les bâtiments de cet établissement. La caserne nationale (ancien séminaire) placée à cheval sur l'ancien fossé de la ville Gauloise serait un très bel édifice, s'il était achevé. Lorsqu'après la construction de Labarre on voulut joindre la ville au faubourg, des arceaux furent construits pour soutenir un mur garni en terrasse ; de là la place Lafayette, autrefois place Gaillard, qui couvre l'extrémité de la ville Gauloise, et forme un plateau d'où la vue se projette vers Larroque-des-Arcs, après avoir admiré le bassin de Cabessut et la courbe gracieuse que décrit le Lot.

L'ancien évêché, ruiné, reconstruit, brûlé, bâti de nouveau, encore une fois brûlé et enfin réédifié dans le style moderne, reçut plus tard le chef de l'administration civile. Aujourd'hui la préfecture est un bel hôtel, malheureusement trop embastillé par les constructions voisines.

Le palais de justice a remplacé les religieuses de la Daurade, sur la *place du change* ; (je tiens à lui conserver le nom qui lui valut au XIIIe siècle le séjour des banquiers Lombards.) Mais il a cédé le Château du Roi (confisqué par l'inquisition) aux prisons départementales, tout récemment construites.

Le magasin des tabacs est parvenu à grandir, rénover, l'ancien monastère de St.-Géry. Et bien vite a été imité par l'administration intelligente et sage de l'hospice auquel elle crée des ressources et des bâtiments. L'architecte de ces édifices, M. MALO, nous a dotés de la salle de spectacle, posée au bas de la place sur laquelle s'élève le bizarre monument de l'admirable et pieux FÉNÉLON. (1)

Enfin, en rentrant dans le cadre des vastes conceptions, le corps des ponts-et-chaussées, personnifié dans MM. PELLEGRINI, *ingénieur en chef Directeur,* et ANDRAL, *ingénieur,* nous a construit le beau pont LOUIS-PHILIPPE, qui, coupant le Lot sur sa plus grande largeur, exprime si bien, par son aisance, par la grace de ses courbes, et sa solidité, l'état actuel de la science et de la civilisation.

Nous voilà, je crois, au terme de notre course : et peut-être n'avez-vous pas regret aux omissions que j'ai pu commettre. Ceci me prouverait que je suis trop verbeux, mais ne diminuerait en rien l'intérêt qu'inspirera toujours CAHORS aux amis de la science, aux hommes vraiment patriotes qui tiennent à conserver preuve des travaux et des peines qui furent la gloire de nos pères.

Cahors, le 28 septembre 1839.

F. A. CALVET, *substitut du Procureur du roi, Correspondant des comités historiques du Ministère de l'Instruction publique, Inspecteur des monuments historiques du Lot, Membre de la Société des lettres de l'Aveyron.*

---

(1) Je dis bizarre, parce qu'on a malencontreusement amalgamé le style *obéliscal* à des socles d'une autre famille.

VUE du coté de la Piscine.

Élévation

Département du Lot.

Dessins du Reste du Théâtre appelé Cadourques.

A CAHORS

Pour la Monographie de ce Théâtre.

Par M. CALVET

PLAN.

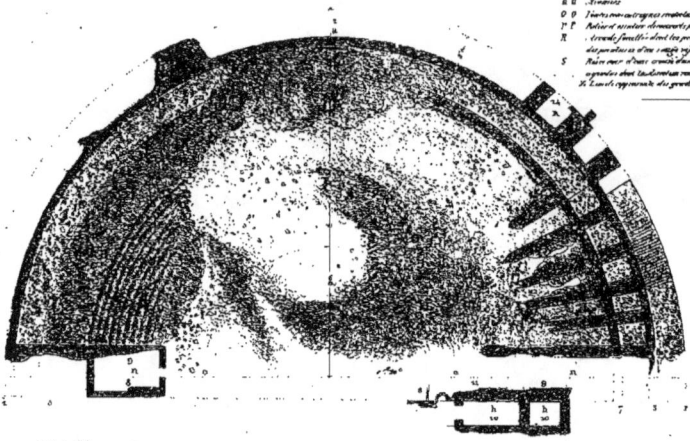

Échelle de 20 Mètres

Fait à Cahors le 20 septembre 1839.

Lith. Bacon Cahors.

ANTIQUITÉS DU LOT.

Fouilles aux Cadourques, mairie de Cahors, 1838—1839, sur l'indication de la Commission du musée départemental. (1)

À Monsieur Voby Delachapelle,

MAITRE DES REQUÊTES, PRÉFET DU LOT.

MONSIEUR LE PRÉFET,

Au nombre des monuments dont les restes signalent l'occupation romaine et déposent de l'importance des localités qu'ils décorèrent, on doit placer les théâtres.

Leur destination nécessitait des formes, des proportions, une distribution qui ne permettent guère de se tromper, alors qu'aidé des indications de l'histoire, on observe les débris imposants de ces constructions.

---

(1) Cette commission est composée de deux sections sous la présidence de

M. LE PRÉFET.

Archéologie, — Sciences Historiques.

MM. BAZIN, BRIVES; CALVET, CLÉMENT, CRAZANNES, MALO, PELLEGRINI, PONTUS.

Histoire naturelle. — Sciences qui s'y rattachent.

MM. ANDRAL, CAVIOLE, DELFRAYSSE, HÉRÉTIEU, LACOMBE, A. LACOMBE, PLESSIS, VERGÉS.

PÉRIER, *Raphaël*, conservateur.

.. Mais notre siècle explorateur n'accepte qu'après examen
les assertions de ses devanciers ; et le premier devoir d'une
commission scientifique, nouvellement créée, est aujourd'hui
de constater, autant qu'il est en elle, la nature des monuments qui l'entourent. Rapprochant avec soin ce qui reste et
ce qu'on a dépeint, elle étudie, compare et constate : sa
marche ultérieure lui semble, par là même, devoir être plus
facile, peut-être plus rationnelle.

Cette double pensée détermina la commission du Musée à
signaler le local des *Cadourques* comme devant être l'objet
des premières recherches auxquelles l'allocation du budget
départemental permet de se livrer. Je viens, Monsieur le
Préfet, vous rendre compte du résultat des travaux effectués
jusqu'à ce jour.

———

Placées dans la direction ouest, à peu près vers le milieu
en hauteur de la presqu'île où se trouve Cahors, telle que la
fait le rempart dit de Labarre, les *Cadourques* forment un
hémicycle apparent, marqué dans toute son étendue par des
constructions coupées, déchirées, démolies avec une inten-
tion évidente, mais qui, se reliant dans leur base et dans
leur ensemble, tendent encore à former un tout facile à saisir
par la pensée. Les chroniques du Quercy disent que là était
l'amphithéâtre, le théâtre de la ville des Cadurques, *Divona
Cadurcorum, civitas Cadurcorum.* (1)

———

« (1)L'amphithéâtre qu'on appelle, à ce que je croy, Cadurques
» comme estant le lieu ou les Cadurci alloient aux spectacles,il
» n'est pas fort grand ainsi que sa circonférence qui se com-
» prend de ses ruines le témoigne, on y void encore quatre ou
» cinq caves presque entières, leursvoutes venant en pencheant
» pour soustenir les degrés et les faire plus relevés les uns que
» les aultres. j'en ai voulu donner le portrait du dedans et du
» dehors, afin de le mieux représenter particulièrement ses
» ouvertures qui sont au dehors au bout des caves par où elles
» prenaient jour, d'autant que je crois que ce sont ces petites
» fenêtres faictes en forme d'arc que HARMENOPULUS appelle
» (en grec) *Toxikas* (1) ainsi qu'il le tire de JULIAN l'architecte

(1) *Toxikas*, signifie deux choses, en grec, qui peuvent servir à faire connaître, l'une la
forme et l'autre la position des fenêtres qui portent ce nom.
À s'en tenir à la première étymologie qui est *Toxon*, arc, ces fenêtres seraient ainsi
appelées, parce qu'elles auraient la forme de l'arc ou de l'ogive écrasée.
Le mot *Toxikai* est aussi employé pour désigner l'image produite par les rayons du soleil
d'ardant sur les vitreaux et se lançant dans l'œuil comme des flèches, et alors c'est le mot
Iko, je viens, qui est significatif dans le mot *Toxikas* ou *Toxikai*. Dans ce dernier sens
ces fenêtres seraient ainsi appelées, vu leur élévation et leur position.

Le sommet 2 de l'arc 1, 2, 3, décrit par ces ruines, est appuyé sur un roc qui va se baissant des deux côtés avec une rapidité telle qu'aux deux extrémités de l'arc 1, 3, 1, les murs encore debout qui le forment, atteignent la hauteur de 7 m. 30, au-dessus du sol actuel; et cependant ils conservent à peu près le niveau du point 2. Cet arc est double ou plutôt dans l'intérieur du plus grand, s'en trouve un second 5, 6, 7, concentrique et séparé du 1er par un vide continu de 3 m 20 c de large.

Le diamètre donne une ligne de 92 m. 70 c.

A l'intérieur de cette seconde circonférence et dans la direction du centre, le roc descend aussi rapidement, supportant encore dans un assez grande étendue des constructions formant des cercles concentriques dont les traces offrent une largeur de 0 m. 80, et qui donnent une descente moyenne de 0 m. 35, par leur hauteur.

Ces cercles manquent avec le rocher : mais en suivant leur couche on arrive en face du point qu'ils occupent, à des voûtes qui justà posées et simulant le rocher, descendent aussi dans la direction du centre commun, portant sur leur dos des traces de bâtisse et à côté l'écharpement concordant avec la progression descendante des cercles.

Ainsi, il est évident pour les yeux les moins exercés que là étaient des gradins nombreux, concentriques, et ayant en regard, vers l'ouest, la corde de l'arc, ou un hémicycle pareil, aujourd'hui occupés par un vide continu.

De là la question, était-ce un théâtre ou un amphithéâtre? Le mot arène était prononcé par de fort honnêtes gens qui considéraient les vides existant sous les voûtes, plus haut indiquées, comme étant les loges destinées aux bêtes féroces.(1)

Pour éclaircir tous les doutes élevés, une marche parut rationnelle ;

S'attacher à une des extrémités de l'arc ou au parement extérieur, chercher le sol ancien et suivre les substructions;

Si l'édifice était un théâtre, la corde de l'arc devait séparer le *Pulpitum* ou *Proscenium* de l'orchestre et des spectateurs.

(1) « La question était dès long-temps résolue par les hommes instruits, par nos auteurs les plus distingués; DELPON, *statistique*, DE CRAZANNES, *coup d'œil chronologique sur les monuments historiques du département de Lot*, mais nous avons déjà dit que la commission doit d'abord constater l'état des divers monuments et bien les caractériser.

5

Si c'était un amphithéâtre, la courbe devait se prolonger encore, compléter ou non le cercle, suivant que la destination était une ou mixte.

En avant de la direction *ouest* de l'arc et parallèlement à sa corde se trouvent deux pans de mur, 8, 9, placés sur la même ligne. Ils s'élèvent à des hauteurs inégales ; l'un est encore lié à la masse générale par une voûte à laquelle il sert de culée ; le second présente les arrachements d'une voûte semblable : toutes deux étaient dans la direction des gradins qu'elles supportaient aussi ; ainsi l'hémicycle garni de gradins avait pour point extrême aujourd'hui apparent la ligne droite 8, 9. formant le grand diamètre plus haut énoncé.

Les ouvriers furent d'abord placés au point 9, avec mission d'arriver au sol ancien, et de suivre la construction dans les diverses directions qu'elle présenterait.

A deux mètres de profondeur ils trouvèrent un beton uni et formant le parquet d'une pièce carrée 10 qu'ils vidèrent ; le beton, cassé sur un point, présenta la formation ordinaire, le *stratumen* en pierres de grandeur inégales, mais moyennes, justa posées sur champ, comme pour la chaussée des routes, le *ruderatio* en petites pierres mêlées de brique pilée et couvertes d'une couche laiteuse de chaux ; une médaille très bien conservée de Lucille fut trouvée dans cet appartement.

On voit dans le champ, la tête de la princesse coëffée en cheveux avec l'inscription, LUCILLA. F. AVG. ANTONINI. AVG.

Au revers, une femme debout, tenant une pique de la main gauche et une patère dans la droite ; l'inscription en partie fruste ne laisse lire que les lettres NVS, et la consécration S.C. (1)

---

(1) LUCILLE, fille de MARC AURELE et de FAUSTINE, à peine agée de seize ans, épouse VÉRUS, fils adoptif de TITE ANTONIN, et associé à l'empire par Marc Aurèle, qui resserrait ainsi le double lien qui déjà les unissait. Dégradée par l'exemple corrupteur et le contact impur de sa mère et de Verus, cette jeune et belle princesse se livra bientôt à la plus sale prostitution. Veuve de l'empereur, elle fut mariée à un homme de bien *Claudius Pompeïanus*. Malheureusement ce fut trop tard : Lucille avait pour toujours brisé les liens de l'honneur et de la vertu ; ses honteux débordements, les sales rapports qu'elle eut dit-on avec son frère COMMODE, furent le triste précurseur d'une fin tragique. Convaincue de conspiration contre Commode, parvenu à l'empire, Lucille fut

Après avoir franchi la cloison et s'appuyant toujours sur le mur qui se prolonge, en formant la corde, le sol s'abaisse et descend jusqu'à trois mètres de la surface actuelle. A cette profondeur, on trouve le roc à peuprès uni, mais inclinant légèrement vers l'ouest. Ce vide est rempli de décombres et de débris de larges tuiles à rebord, destinées aux toitures ; de fragments de plaques de marbre de diverses couleurs ; de corniches et cordons en marbre blanc dont la pureté des lignes et la netteté de travail accusent la vieille et bonne époque. On exhuma plusieurs blocs de grès de forte dimension ; l'un d'eux a fait partie d'un entablement. A côté étaient un fragment de pilastre cannelé, un tambour de colonne carrée aussi, et cannelée sur toutes ses faces : plusieurs de ces restes ont été recueillis pour le Musée.

Observons qu'une grande quantité de matières brûlées fut constamment trouvée dans les débris avec les briques ; que d'autre part il existe une sorte de couche formée par des fragments très petits, par de la poussière de grès, ainsi qu'il en existe seulement là où l'on a taillé des rocs de cette nature. Ceci est au-dessus de l'ancien sol. Chacun sait que la roche sur laquelle sont les Cadourques est calcaire, et que le grès ne se trouve qu'à une très grande distance de Cahors ; celui-ci est gris ou plutôt blanc comme celui des environs de la Magdelaine, commune de Faycelles, arrondissement de Figeac ; j'ignore s'il en existe de même nature plus près de Cahors, et dans quelle direction.

A côté du mur fut trouvé une autre construction qui nous frappa. Deux blocs de grès carrés et présentant dans le milieu un vide de 0 m. 25 étaient superposés avec soin : cette sorte de tube, renfermé dans un autre de dimension plus considérable, et le vide de 0 m. 15 qui les sépare, étaient soigneusement mastiqués avec de l'argile fortement comprimée. Le vide central fut débarrassé des décombres qui l'obstruaient : bientôt il fut évident que ce double encaissement avait pour but de recueillir et d'élever l'eau qui surgit dans le bas, et qui, malgré l'état de dégradation des matériaux, ne tarda pas à remplir le tube jusques à son point actuel le plus élevé. Nous le laissâmes sur place.

Comme le mur formant corde se prolongeait toujours en ligne droite, nous songeâmes à obtenir d'autres résultats.

---

déportée dans l'île de Caprée et bientôt mise à mort par l'ordre de son frère. DION. HERODIEN. XIPH. etc. etc.

Les ouvriers le franchirent et furent placés dans l'espèce d'allée qu'il forme dans ses rapports avec les voûtes et dont il supportait la dernière. 11.

En même temps on travailla à vider une des alvéoles formées par les voûtes. 12.

Ce double travail devait donner le niveau du sol de ces deux points, et servir à constater ainsi des faits caractéristiques et décisifs.

Le sol de l'allée se trouve à environ 3 m. 10. au-dessous de la surface actuelle ; il va en s'inclinant légèrement dans la direction concentrique commune ; celui de l'alvéole est au niveau de la vigne plantée à son entrée, c'est-à-dire 4 m. 50. au-dessus du sol de l'allée : un beton les garnissait tous deux ; celui de l'allée est brisé, usé et présente les traces d'ornières de roue.

Les alvéoles destinées à supporter les gradins ont 9 m. 60 de profondeur ; élevée de 7 m. 20 au-dessus du sol dans le fond, la voûte descend rapidement vers le devant. L'intérieur est éclairé par une ouverture à plein cintre ayant 0 m. 70 de hauteur sur 0 m. 40 de large.

En avant des alvéoles et sur une largeur d'environ deux mètres, le terrain conserve le même niveau ; puis il s'affaisse, toujours dans la direction concentrique.

Nous reviendrons plus tard sur ces deux séries de pente, présentant les caractères de deux cavées (caveas) distinctes. (1)

Sous le sol ancien (dénudé jusqu'au roc) fut trouvé un aquéduc plein de terre, mais dans lequel circule cependant un léger filet d'eau, qui, suivant la direction *est-ouest*, coupe l'hémycicle à angle droit, et conduit l'eau dans le tube en pierre, déja signalé.

------

(1) Employant ici pour la première fois le mot *cavée*, je dois justifier l'expression. L'ensemble d'un théâtre présentait, comme aujourd'hui, d'un côté la forme carrée, de l'autre celle sémi-circulaire, les gradins qui remplissaient cette dernière portaient en masse le nom de *cavea*. Ils étaient séparés en plusieurs divisions, et chacune d'elles avait une indication propre et une destination spéciale. Ainsi les gradins ou cercles contigus à l'orchestre (parterre de nos théâtres) étaient destinés aux magistrats ; la place d'honneur était au centre de la courbure du cercle, à l'intérieur de l'orchestre.

La seconde série du cercle, ou loges, était destinée aux chevaliers.

La profondeur du sol, l'immense quantité de décombres qu'il fallait déblayer à plus de trois mètres de profondeur, empêchèrent de suivre le mur formant corde, et l'allée servant bien évidemment d'entrée jusques à la fin de la seconde cavée et à la formation de l'orchestre : les ouvriers furent placés en dehors de l'édifice actuel.

Dans la direction *sud-est*, en arrière des voûtes, le plus grand arc est flanqué d'une série de voûtes ascendantes, dont la première est en partie obstruée par le sol, et qui toutes sont ouvertes au *sud*. Le dos de ces voûtes nous parut présenter les restes d'un large escalier : ces traces furent nettoyées, et à mesure que les ouvriers descendaient au-dessous du sol actuel, les marches qu'ils nettoyaient se trouvaient dans un meilleur état de conservation ; les dernières étaient à peu près à l'état normal : nous verrons plus tard leur formation.

Au bas de l'escalier était un palier qu'un mur de clôture séparait dans la direction *ouest* du débouché de l'allée venant de l'intérieur, qu'il aurait coupé là à peu près à angle droit, et dont le niveau est d'ailleurs nécessairement beaucoup plus bas.

En montant cet escalier, dont les proportions sont belles, on arrive à un palier supérieur que barre le parement d'un mur servant de contrefort à une série de voûtes ceignant l'extérieur de l'hémicycle et dont le cintre s'élève à une grande hauteur : il y avait donc nécessité de tourner à gauche, et là se trouve le vide prémentionné entre les deux arcs concentriques, actuellement rempli par quelques pieds de vigne. On les respecta, mais on fut dans l'intérieur de cette voûte élevée que remplissaient des décombres. 14.

La voûte porte des traces évidentes d'anciennes peintures rouges, sur une couche lisse de chaux ; on descendit à la profondeur de 3 m. 50, et on trouva sur les

Le peuple et les femmes occupaient la troisième division, plus nombreuse et plus étendue.

Elles étaient désignées par *cavea prima ; cavea media ; cavea maxima, ultima,* ou *summa.* J'ai cru devoir dire *cavée* au lieu de travée, qui ne dit rien.

La zône plus large qui divisait les cavées, avait et doit avoir nom *précinction.*

Conserver les expressions indicatives, est à mes yeux le meilleur moyen de s'entendre. Voir la forme et les indications des anciens théâtres, Vitruve, Romanelli, de Caumont. etc.

parements intérieurs des peintures d'une fraîcheur remarquable, mais qui malheureusement furent dégradées par le peu
de soin que mirent les ouvriers à piocher pour extraire les décombres. Cet appartement avait une petite porte en briques,
donnant à l'extérieur : comme l'état de la caisse ne permit
d'en vider qu'une faible partie, nous n'avons pu apprécier la
nature de cet appartement qui communiquait forcément avec
le vide existant entre les deux arcs, vide qui devait former
une galerie d'intérieur, communiquant aux cavées, et qui
pourrait fournir de précieux renseignements sur le mode de
communication intérieure.

Mais les fonds étaient épuisés.

En revenant sur l'ensemble des objets qui viennent d'être
signalés, nous trouvons le squelette mutilé d'un théâtre,
et spécialement d'un théâtre tragique.

D'un théâtre, car il n'y avait qu'un hémicycle coupé
par le diamètre tracé par le mur de refend, séparation
caractéristique du *proscenium* et de l'*orchestre*.

Les deux allées latérales, appuyées à la corde, formaient
deux entrées principales, conduisant à l'orchestre et à la cavée basse, séparées qu'elles étaient des cavées supérieures par la voûte qui couvrait ces mêmes allées et supportait les gradins des cavées supérieures.

Il est sans doute inutile d'observer que la hauteur du sol des
voûtes exclut toute idée de destination à recevoir des bêtes féroces
qui auraient eu à traverser les rangs des spectateurs pour descen-
dre dans l'arène : ces loges étaient spécialement établies pour
éviter des constructions massives, et pour soutenir les gradins
supérieurs qui dominent, ainsi que nous l'avons dit, les deux
cavées inférieures. Elles pouvaient servir de dégagement pour
les moments où le temps était mauvais, renfermer les vases
contenant les essences et le saffran destinés à être répandus
sur tout le théâtre, et que les anciens chérissaient tant; mais
je pense qu'elles étaient trop élevées pour être employées à con-
tenir les vases en bronze et terre cuite destinés à fortifier la
voix des acteurs ; l'ouverture pratiquée dans le haut mur du
fonds aurait neutralisé l'action des vases.

Au-delà du mur formant corde, étaient la scène et les ap-
partements de service et de dégagement. Dans ce qui reste de
l'un d'eux, nous avons déjà signalé une médaille, trois autres
furent recueillies sur divers points ;

1º Une sur le champ, le buste d'Auguste ; on ne peut lire de
la légende que le mot CÆSAR.

Au revers ,en parti fruste, l'autel élevé à Lyon en l'honneur d'Auguste. (1)

2o Médaille module moyen , en cuivre jaune : le buste de Vespasien : on lit l'inscription Vespasianus. Aug. cos. Le revers est fruste (2).

3o Médaille en cuivre rouge. Buste de Claude, Tib. claudius Cæsar Au revers Pallas armée, ayant son bouclier à la main gauche , et brandissant un javelot de la droite, la consécration. S. C. en gros caractère.
Cette Médaille est en partie fruste(3).

Ajoutons un squelette ayant à peu près 1m 55c, dans un état de vétusté tel que les ossements se réduisirent presque en poussière,

---

(1) JULIUS CÆSAR OCTAVIANUS, heureux rival d'Antoine, et maître du monde, eut surtout l'art d'agrandir et d'affermir un pouvoir qu'il feignit d'abord de réfuser, et de n'accepter que pour dix ans. Décoré d'un titre nouveau *Augustus*; il l'accepta, l'illustra et se l'appropria de telle sorte que ce nom a conservé toute sa grandeur, même après avoir été porté par les Caligula, Néron, et autres monstres qui furent appelés au trône que César avait créé. Je ne dirai pas le nom des auteurs qui nous ont conservé l'histoire de sa vie

(2) T. FLAVIUS VESPASIANUS, né le 17 novembre 760 de Rome, aux environs de Rirti, élevé près de Cosa en Toscane : salué Empereur par les légions à Alexandrie, l'an 820 de Rome et 69 de notre ère. Mourut au lieu de sa naissance, en 839 de Rome. Tacite, Suetone, Dion, Joseph etc., ont écrit la vie de cet empereur, et Tacite a dit : *solus qui omnium ante se principium in melius mutatus est.* Sa mort eut été une calamité publique si son fils TITUS ne lui eut succédé. Malheureusement il fut aussi le père de DOMITIEN.

(3) TIB. CLAUDIUS, DRUSUS, puis GERMANICUS et enfin CÆSAR était destiné à fournir au monde l'exemple de la dégradation morale et physique la plus abjecte. Successeur de CALIGULA, remplacé par NÉRON , CLAUDE est peut-être plus vil que ces deux tyrans. C'est lui sans doute qui le premier fit germer dans la pensée du philosophe ce mot si vrai : *il est des hommes dont l'ame ferait tache dans la boue.* Vid. Tacite, Dion, Suétone, Sénèque, Ammien-Marcellin, Tillemont, Crevier, etc., etc.

quand on voulut les déplacer. (1) Les arrachements ménagés dans le mur pour recevoir les poutres du plancher supérieur sont à la hauteur de 5 m au-dessus du beton ou parquet de cette pièce. Ceci est une preuve de plus que les gradins cessaient de l'autre côté du mur et ne venaient pas former un second hémicycle.

Les cavées marquées par le niveau du terrain étaient au moins au nombre de deux, *maxima* et *media* ; nous avons dit que les fouilles ne furent pas continuées jusqu'au point où devait se trouver celle désignée sous le nom d'*ima*, placée entre la media et l'orchestre. Il est rationnel d'affirmer qu'elle a existé.

D'un Théâtre tragique : par opposition à l'*Odeum* ou théâtre comique, couvert à cause de son étendue. Le cercle tracé par la ligne des gradins supérieurs, en les plaçant sur le mur d'*intérieur* existant, présente une trop grande surface pour qu'il soit permis de croire que ce théâtre ait été jamais couvert, et je n'hésite pas un instant à le classer au nombre de ceux où, très fréquemment sans doute, pouvait se reproduire dans nos contrées le fait constaté par le caustique Martial.

> *Spectabat modo solus inter omnes*
> *Nigris unus Horatius lacernis*
> *Cum plebs et minor ordo, maximusque*
> *Sancto cum duce candidus sederet,*
> *Toto nix cecidit repente cœlo :*
> *Albis spectat Horatius lacernis.* (2)

Il est vrai que nos pères eurent la latitude (dont ils usèrent sans doute) d'imiter la mollesse campanienne *campanam las-*

---

(1) Un autre squelette fut trouvé plus loin et examiné avec soin par M. le docteur Caviole, qui fit recueillir le crâne et les os du bassin. Un double anneau en argent ornait un de ses doigts, placé à un mètre quarante de profondeur ; il était là depuis une époque récente si on la rapproche de celle du monument.

(2) Horace était au spectacle, seul couvert de vêtement noirs, le peuple et les divers ordres avec leur chef respectable, étaient vêtus de blanc : une neige abandante arrive tout à coup : Horace est au spectacle en vêtements blancs.

civiam, qui consistait a tendre des voiles fixées à des poutres
pour couvrir le théâtre. (1)

.... *Lutea, russaque vela,*
Et ferrugina, cum magnis intenta theatris,
Per malos volgata, trabesque trementia fluitant.
LUCRÈCE. (2)

Mais le vent emportait souvent les voiles ou empêchait de
les tendre !...... heureux Alors, les spectateurs pourvus de
lacernes et de vastes chapeaux ; (3) ils se félicitaient sans
doute d'avoir été dociles au sage conseil de Martial.

In Pompeiano tectus spectabo theatro
Nam ventus populo vela negare solet. (4)

---

(1) « Les campaniens, qui passaient pour être de tous les
» peuples d'Italie ceux qui recherchaient davantage leurs
» commodités, trouvèrent les premiers un remède.... C'était
» les voiles et les antennes, qu'on fixait à certaines poutres à
» l'extrèmité du mur où se terminait l'hémicycle et qui ser-
» vaient à le couvrir. Vous pouvez voir la preuve de ce que
» j'avance. Voilà les pierres forées et saillantes du mur qui est
» au-dessus de nous ; c'est là que les poutres étaient placées...

» Une invention si salutaire ne fut pas adoptée d'abord par
» les anciens ; on l'appelait une mollesse campanienne ; ils
» continuèrent à rester tout le jour au théâtre exposés à l'in-
» tempérie de l'air. AMMIEN MARCELLIN adressa aux romains
» des reproches publics pour en avoir usé : *plebeii velabris*
» *umbraculorum theatralium latent, quœ campanam imitan-*
» *tur lasciviam.* VALÈRE MAXIME avait employé les mêmes expressions. ROMANELLI, voyage à Pompéi.

(2) Les voiles rouges, jaunes ou brunes flottent déployées sur
les mâts et les poutres tremblantes.

(3) « Lorsqu'ils voyaient le temps pluvieux ou que l'air était
» chargé de vapeurs froides, ils se revêtissaient d'un manteau
» qu'ils appelaient *Lacerna, penula* et *Gausapina*, et bra-
» vaient ainsi l'intempérie de la saison. ROMANELLI.

(4) J'assisterai couvert au théâtre de Pompée, car le vent
refuse habituellement ses voiles aux peuple.

L'appareil de construction assigne à cet édifice une haute antiquité, car on sait que, vers le milieu du 3me siècle, sous le règne de Gallien, et dans le siècle suivant, l'emploi de la brique devint ordinaire dans les constructions Gallo-Romaines (Caumont, antiq. 2. 477.) Or le théâtre de Cahors ne présente pas de trace de cordons de brique. La construction est un massif de moellon et de mortier, revêtu sur tous les parements du *petit appareil allongé*, c'est-à-dire de petites pierres dont la face présente un parallélogramme allongé, placées dans un bain de mortier. Les briques sont employées seulement pour encadrer les ouvertures destinées à recevoir les poutres.

L'appareil des voûtes est en pierres moyennes cunéiformes, sans briques intercallées.

Cette double circonstance est d'autant plus remarquable, qu'à peu de distance sont les ruines d'un ancien établissement thermal qui présentent l'emploi combiné du petit appareil et des briques en cordon et aux cintres.

Le petit appareil se retrouve sur toutes les parties du théâtre, soit qu'elles fussent nécessairement apparentes, soit qu'elles dussent être cachées.

Les marches de l'escalier étaient garnies d'une couche de beton ou mastic, composé de chaux et de brique pilée, sur lequel était placé un revêtement en dalles de pierre calcaire blanche et très polie.

Les gradins du théâtre portent encore la trace du beton, mais le revêtement n'est pas conservé.

Des trous placés à diverses hauteurs dans les murs me paraissent destinés non-seulement aux supports des échafaudages de construction, mais encore à assujétir les revêtements de marbre dont les nombreux débris ont été trouvés dans les décombres.

Ces fragments recueillis, prouvent que l'architecte employa du marbre blanc pur, blanc mêlé de veines rose, blanc avec mélange vert qui lui donne une grande analogie avec la serpentine, etc. Nous avons vu que des colonnes cannelées en grès avaient un entablement formé de gros blocs de grès.

Il est à remarquer que les murs justà-posés ne pouvaient guère être liés par de fortes pierres d'attente, vu la petite dimension de l'appareil ; aussi voit-on à peine des traces de la souture sur la face du mur qui est encore lié à son voisin par la base et qui l'était bien évidemment dans toute sa hauteur. De là peut-être l'idée adoptée par quelques savants, que ce théâtre n'avait pas été fini ; mais l'observateur attentif s'aperçoit aisément que l'absence d'arrachements ne nuisait pas à la force de l'édifice, car dans son ensemble comme dans chacune de ses parties il était une aggrégation de moëllon et de ciment, soumise à un tassement uniforme et dont la dessiccation avait pour résultat une solidité telle, que ces constructions mutilées résistent encore, comme pour prouver qu'elles auraient vaincu sans peine l'action des siècles, si les siècles seuls avaient eu mission de les détruire.

Mais l'œuvre de l'homme est comme lui soumise à de cruelles vicissitudes; cet imposant édifice que la cité des Cadurques dut sans doute aux premiers Césars et tout au moins à Hadrien et Antonin Le Pieux, devait périr sous la torche incendiaire du barbare et le marteau pieusement destructeur du chrétien.

Sous les Césars, les villes des provinces reproduisaient la reine du monde, dans leurs rapports avec la cité dont elles étaient le chef-lieu et dont bientôt elles s'approprièrent le nom. Ainsi le forum, les temples, les bains, le théâtre rappelaient Rome, popularisaient ses idées, réalisaient son existence dans les pays soumis à sa domination, et par là même imprimaient l'unité de vues et de direction qui fit sa force et sa grandeur.

Cette centralisation multipliée de luxe et de civilisation, cet état de richesses et de prospérité qu'atteignit la Gaule sous la domination romaine devaient rendre d'autant plus active et plus désastreuse l'invasion des hordes qui durant plusieurs siècles se ruèrent sur nos belles provinces.

Quand les Chamaves, les Chérusques, les Vandales et les autres peuples de la Germanie eurent à diverses époques pillé, ravagé les Gaules, (1) brisé la puissance Romaine et dispersé ses

----

(1) *S. Hierosme en l'epitre à la Dame Geronce.*
Le bon sainct Hierosme eslongné d'autant qu'il y a depuis la Iudée iusques au Rhein, plore ce miserable païs des GAVLES: » Nations Barbares (dit-il) et d'infinie multitude, ont enualiy » toutes les Gaules. Mayence est prince et démoli, et gens in-» numérables tuez és Eglises, iusques à Rheims belle et puis-» sante ville : Amyans, Arras, Terouenne, Tournay, Spire, » Strabourg sont emmenées captiues en Allemaigne, Aquitai-» ne d'auantage et le païs de Lyonnois qui contient neuf peu-» ples, et la Provence, bien peu de villes exceptées, sont pil-» lées : Et le tout déhors le couteau depeche, et au-dedans la » famine. Je ne puis (adioute-il) sans plorer, parler de Tho-» lose; que ie croy estre sauuée de la ruine par les mérites » du saint Euesqée Exupere. (*Claude Sainctes du saccagement des églises.* fol. 28. Tolose 1564.)

lambeaux, la cité Cadurcienne respira sous le pouvoir civili-
sateur, trop souvent calomnié des Visigoths; mais bientôt arriva l'époque des rois monstres, de cette famille qui peut seule
faire croire aux crimes des Atrides. THÉODEBERT, fils de Chilpéric, vint, en 573—574, remplir la mission dévastatrice qui devait réduire en cendres la vieille et belle cité Gallo-Romaine.

Il égorgea, pilla, brûla, démolit, et, désormais attaché aux
ruines qui furent son œuvre, le nom de Théodebert resta pour
rappeler une ère de désolation.

» Les marques de ce saccagement paraissent encore, dit le
» savant chroniqueur DE FOULHIAC, car on trouve dans l'enclos
» de Cahors vers l'endroit habité par les religieuses d'un bout
» de ville à l'autre, des charbons, des cendres, des briques, des
» pierres brulées à quatre pieds sous terre ; ce que Benedicti,
» professeur de cette université, avait remarqué de son temps
» comme il l'a inséré dans son livre *de testamentis*, sur le *cap*
» *Baynitius.* » (1)

« Doncques les Rois Chrestien ont aucunesfois deschar-
» gé leur cholere sur les Eglises, comme Theodobert fils de
» Chilpéric, qui rua sur les terres de sont oncle Sigibert et
» occupa Tours, Poictiers, et les autres villes qui sont le long
» de Loyre, et de là passa en Limoge, Cahors, et le païs cir-
» uoisin, gastant tout et renuersant. Il pilla, détruisit, et
» brusla les Eglises, emporta tout le meuble, depescha le cler-
» gé, rasa les Abbays des hommes, et pressa les religiesues de
» leur deshonneur, et en abusa, et mit tout à sac, en sorte
» que la misère des Eglises estait plus lamentable, que celle
» du temps du persécuteur Dioclétian. SAINCTES, ubi supra
fol. 29.

(1) FOULHIAC, *annales de la ville de Cahors et du Quercy*,
pag. 35, M ss. de la bibliothéque. DOMINICI, dans son *histoire
du pays de Quercy*. M ss. page 43. dit: « En tout ce quar-
» tier de ville ruiné qu'on appelait la Rivière du Pal, on y
» découvre tous les jours des pavés faits *opere mussivo*, avec
» des grands et petits carreaux de marbre et d'autres pierres
» dont les latins ont faits *Tessellata et Sectilia Pavimenta* ; il
» ya quelque temps qu'en jettant les fondements du jardin des
» Capucins, on en descouvrit un diversifié de mille belles figu-
» res de différentes couleurs. Dans l'enclos des révérens pères
» Chartreux on en trouva un autre dernièrement, composé de
» petits carreaux de marbre noir et blanc, etc. etc. Dans un
» champ proche du Pont de Valentré, on y a trouvé des riches

Le théâtre qui nous occupe est dans cette partie de la ville, et les restes de la civilisation romaine et les ruines Théodebert se reproduisent chaque jour, à qui veut les connaître.

Cependant la société chrétienne étendait ses rameaux, et profitait de ces guerres civiles pour accroître son influence, affermir son pouvoir. Puissants surtout parce qu'ils eurent l'intelligence d'être orthodoxes (1), les rois Francs furent reconnaissants envers le clergé, et à travers les jours difficiles dûs au caractère personnel de tel ou tel prince regnant, les évêques restaurèrent leurs églises, élevèrent des basiliques, réunirent encore une fois les restes malheureux et dispersés de la population qui, procédant à l'élection de son pasteur, nommait alors bien réellement le défenseur de la cité.

» marbres, j'ai veu de grandes briques où le nom du potier y était empreint. etc. etc.

En 1838 et 1839, des restes de même nature ont été trouvés dans les champs aux abords du même pont, et plusieurs fragments recueillis pour le Musée.

En 1839, M. ALAUX vient de trouver dans son jardin une grande partie de colonne en grès cannelée, le restant du fut est en travers sous le mur de clôture.

(1) Aux innombrables et incontestables documents historiques existant sur ce fait, ajoutons aujourd'hui :

» Le premier Roy chrétien Clouis, apres son batesme, dit
» à ses subjects, il me fache beaucoup de voir les Arriens he-
» retiques, occuper sccupe une bonne partie de nos Gaules.
» Allons sous l'aide et potection de Dieu, recouurer notre terre.
» Pour autant que son passage estait par Tourraine, il ordon-
» na qv'aucun de ses gens n'y print aucune chose, que de
» l'eau et des herbes. Vn de ses hommes d'armes rencontra du
» foin, qui appartenoit à un pauvre homme, et dit : Le Roy
» nous a permis de prendre de l'herbe, et foin n'est autre
» chose, i'en puis user sans offense. Le Roy entendit le faict
» et sans délai lui fit trancher la teste, disant: On sera notre
» espoir de victoire, si saint Martin est irrité? De là marcha
» auecques son armée à Poictiers, et campé près de la ville,
» voit venir sur soy la nuict, comme un grand phalot, qui
» sortait de l'Eglise saint Hylaire, qua luy enuoioit en signe de
» conduite et protection ce sainct, qui tant auoit combatu en
» sa vie contre les heretiquees, et persistoit apres sa mort.
» Le Roy commanda aussi qu'on ne pillat rien sue le terri-
» toire dudit Poictiers. SAINCTES, ubi suprà fol. 44.

Les ruines des constructions romaines étaient sous la main et réveillaient des souvenirs, souvent même des désirs en opposition avec la religion nouvelle. Si quelqu'une d'elles avait pu reprendre son ancienne destination, le chrétien fesait à double titre œuvre pie en la démolissant pour employer les matériaux à la bâtisse de son église.

De là l'emploi si fréquent des colonnes, des chapiteaux, des sculptures, des matériaux ayant bien évidemment appartenu aux édifices Gallo-Romains, et que l'on trouve chaque jour dans les ruines et dans les murs de nos églises. Le temps et les divers ouvriers en ont sans doute altéré les formes primitives, mais leur caractère ne saurait être méconnu. (1)

---

(1) Citons quelques exemples :

JUSTINIEN écrivit aux satrapes d'Asie et aux gouverneurs des provinces d'occident de rechercher avec soin les marbres, les sculptures, les colonnes qui pouvaient être utiles pour la construction du temple. Son appel fut entendu et il reçut bientôt les dépouilles des temples, des thermes, des portiques qui ornaient les différents pays d'Orient, d'Occident et des Iles. Une dame romaine, nommée MARCIA, lui envoya de Rome sur des radeaux huit colonnes provenant du temple du Soleil, construit par Aurélien.

L'historien Bizantin ne nous dit pas de quel droit la dame Marcia pouvait ainsi dépouiller les édifices de Rome ; elle écrivit à l'empereur en lui envoyant ces colonnes ; *je vous envoye huit colonnes égales de longueur et de poids pour le salut de mon ame.* Ces colonnes sont de Porphyre et de Balbeck.

Constantin, Préteur d'Ephèse, en envoya huit autres de marbres tacheté de noir, provenant sans doute du temple de Diane-Ces colonnes sont celles qui au rez-de-chaussée de l'église séparent la nef du bas côté. etc. etc. Ch. TEXIER, *Ste Sophie de Constantinople.*

Voyez encore GIBBON, *histoire de la décadence de l'empire romain* ; et les notes de M. GUIZOT, surtout, tome V, pages 348 et suiv.

Sur les dépouilles de Ravennes (*mussiva atque marmora*) la concession originale du Pape ADRIEN 1er à Charlemagne.

SIGEBERT, dans sa chronique, *extruxit etiam aquis grani basilicam plurimae pulchritudinis, ad cujus structuram à Roma et Ravenna columnas et marmora devehi fecit.*

Cette carrière fut exploitée jusqu'à la dernière pierre ; en des temps postérieurs, on a même employé la poudre pour faire éclater le rocher; aussi le théâtre de Cahors n'offre-t-il plus de débris apparent, intéressant pour les arts. Tout a été employé; nous avons signalé la poussière du grès travaillé sur place, les ornières des roues qui pressant les décombres avaient servi à emporter les matériaux utilisés par les nouveaux architectes. On peut facilement retrouver dans les constructions de la cathédrale, appartenant au XIVe siècle, des matériaux, des sculptures qui primitivement ne furent pas ouvrés pour elle. Des feuillages, des fleurs sont encore apparents, et le dessus d'une porte de la galerie circulaire présente une tête de Faune dont l'existence et la bonne humeur n'eurent pas bien certainement une origine très-chrétienne. (1)

En terminant ici le compte rendu de nos fouilles et de leurs résultats, je dois, Monsieur le Préfet, exprimer ma gratitude pour le crayon exact et zélé de M. PINOCHET, qui a donné vie à nos travaux et rendu mon langage intelligible.

Je dois vous prier de demander au Conseil général les moyens de continuer nos explorations et d'exhumer, s'il est possible, tous les restes matériels de la civilisation de nos pères, pour les réunir en un lieu convenable où ils déposeront de notre zèle, de notre amour pour les arts et les études historiques..

L'empereur CONSTANT ne trouvant plus rien à voler, avait pris les plaques de bronze qui couvraient le Panthéon.
Les autorités justificatives sont innombrables.

(1) Les matériaux employés à la construction primitive de l'église de St-Didier (Géry) aujourd'hui *entrepôt des tabacs* à Cahors, me paraissent provenir de la même source : c'est le grès des Cadourques. Il serait à désirer que cette église, la seule qui soit aujourd'hui en dehors du culte, fût nettoyée, débarrassée des décombres qui élèvent le sol, et laissée à son caractère monumental. Ce serait un beau local pour un musée d'antiquités monumentales. Elle sera prochainement décrite ; et dessinée par M. Pinochet. Nous devons du reste rendre hommage à l'esprit de conservation de M. WISER, garde-magasin. Puissent tous nos monuments être placés sous une tutelle pareille.

Je dois enfin dire à mes concitoyens l'obligeance éclairée avec laquelle vous avez suivi, facilité nos travaux et assuré l'existence possible d'un musée départemental.

Cahors, le 14 Juillet 1839.

Veuillez agréer,

Monsieur le Préfet,

l'hommage de mes sentiments respectueux,

F. A CALVET, *Substitut du Procureur du roi; Correspondant du comité des travaux historiques au Ministère de l'Instruction publique; Inspecteur des monuments historiques, Membre de la société des lettres de l'Aveyron.*

ADDENDA—ERRATA.

Page 32, note 1re, après Julian l'architecte : « Et desquelles
» faict aussi mention SYMMACHUS *in Ezechielem.* Toute cette
» masse de pierre est bastie de mesme façon que cet arc de
» Ste Claire et que l'acqueduc, d'où j'infère que ces ouvra-
» ges ont été faits au mesme temps par les soldats de quel-
» que légion romaine de qui nous ne savons pas le nom.....
» DOMINICI, pag. 42. Mss. »

Pages		ligne		lisez	
—	2	ligne	14	lisez	souvent
—	2	—	17	—	physionomie.
—	3	—	1	—	démantelées.
—	5	—	30	—	s'appropriant ainsi.
—	6	—	23	—	apercevoir.
—	8	—	3	—	assommer.
—	8	—	29	—	hommage.
—	9	—	39	—	rappelé.
—	13	—	13	—	futs.
—	14	—	40-41	—	confessionnaux.
—	22	—	6	—	entrée.
—	24	—	1	—	remarquerez.
—	24	—	42	—	paragy.
—	25	—	26	—	caractérisait.
—	25	—	29	—	mais épurées.
—	25	—	39	—	Paragium.
—	26	—	3	—	la cité.
—	27	—	17	—	laissé.
—	27	—	18	—	jetée.
—	27	—	43	—	TOUPIGNON,

Des circonstances particulières ont empêché de donner tous les soins nécessaires à la correction du texte.

ANCIENNES ARMES DE CAHORS.

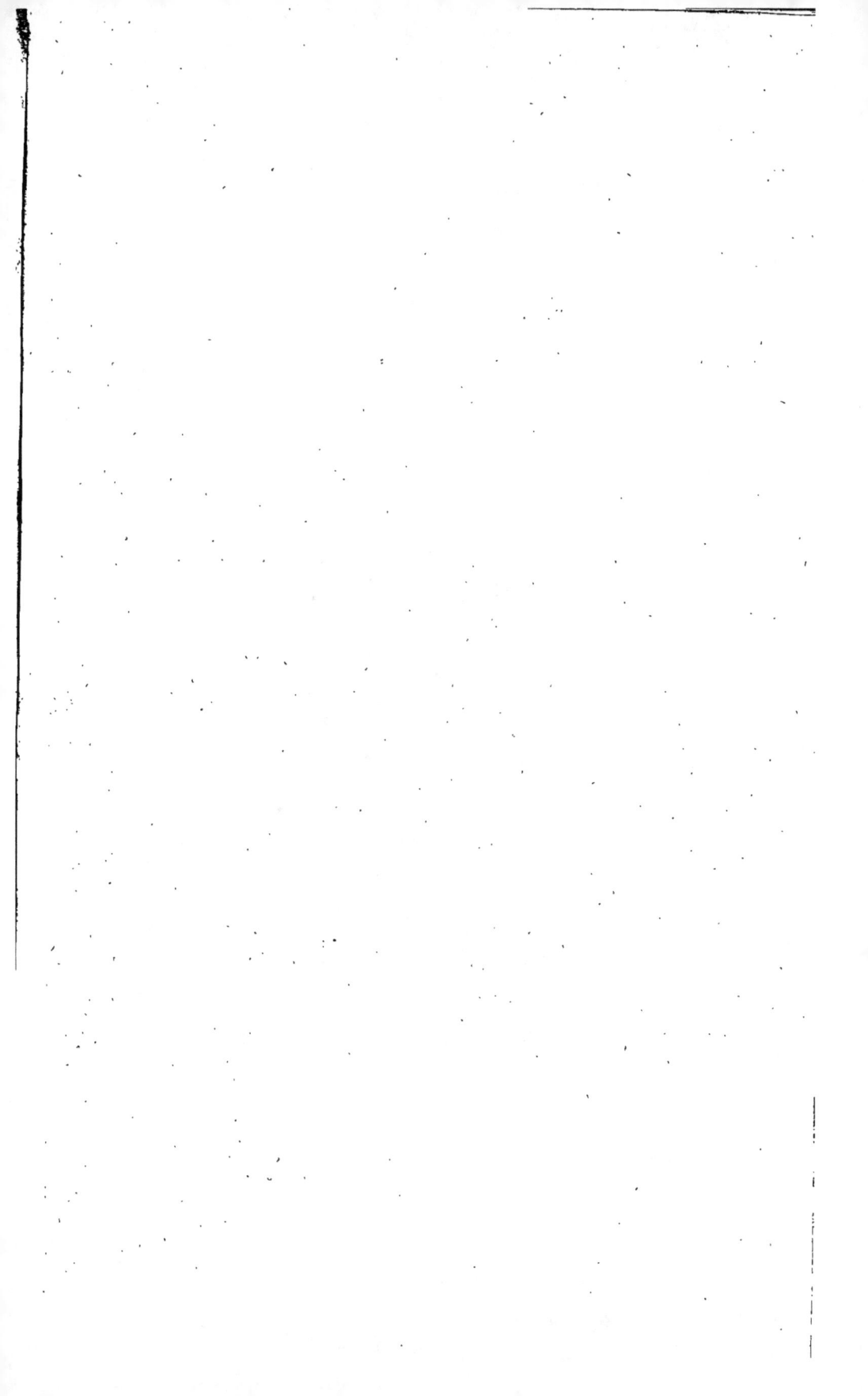

DIVONA CADURC.

VILLE DE CAHORS.

ANCIENNES ARMES DE CAHORS.

www.ingramcontent.com/pod-product-compliance
Lightning Source LLC
LaVergne TN
LVHW022023080426
835513LV00009B/856